Separación y divorcio

VIVIR MEJOR

Separación y divorcio,
Cómo no afectar a tus hijos

Primera edición, mayo de 2014

D.R. © 2013, Juan Pablo ARREDONDO
D.R. © 2014, EDICIONES B MÉXICO, S. A. de C. V.
   Bradley 52, Anzures, DF-11590, MÉXICO
   www.edicionesb.mx
   editorial@edicionesb.com

ISBN 978-607-480-652-6

Impreso en México | *Printed in Mexico*

JUAN PABLO ARREDONDO

Separación y divorcio

Cómo no afectar a tus hijos

Prólogo de **Martha Debayle**

VERGARA

México · Barcelona · Bogotá · Buenos Aires · Caracas
Madrid · Montevideo · Miami · Santiago de Chile

PRÓLOGO

Siempre es complicado hablarles del divorcio a nuestros hijos. Si pudiéramos abordar otro tema, evitar el momento de decirlo, lo haríamos. Pero no hay marcha atrás. Cuando la pareja ha tomado la determinación, lo mejor es enfrentarlo. Y viene la cascada de temores, las inquietudes, la ambivalencia: tener que hablar con la verdad, decirles que mamá vivirá en una casa y papá en otra, que la vida tomará otro camino y que seguirán siendo nuestros amados hijos. Puff!!! Una situación nada sencilla para cualquiera de los cónyuges.

Cuando la circunstancia se presenta, tampoco queremos que nuestros hijos se conviertan en testigos de una guerra encarnizada que libraremos, en los receptores de culpas ajenas o en rostros de chantaje para darle en la torre a nuestro ex. No, no deseamos repetir patrones o caer en lo que muchas veces nosotras hemos criticado.

Es claro que de nada servirán los consejos de las amigas y familiares si no tenemos la visión de un experto en el tema, un terapeuta especializado en desarrollo familiar como lo es Juan Pablo Arredondo.

Conocí a Juan Pablo cuando trabajaba en *Hoy* y en *Vidatv*, en la época que me tocó conducir el segmento para televisión *Bbtips*. Siempre me llamó la atención la forma espontánea y atinada que tiene de dirigirse a los padres de familia, de poner ejemplos que están a nuestro alcance y saber cuál es la forma más efectiva para poder comunicarnos mejor con nuestros pequeños.

Con el tiempo, invité a Juan Pablo a que formara parte del equipo de especialistas de *Bbmundo*. Y así se incorporó a la revista y a la página web.

No me sorprende el éxito que han alcanzado sus tres anteriores libros. Me gusta la forma en que trata los temas, algo que en apariencia es complicado lo vuelve fresco, sencillo, al alcance de todas y todos.

Con un tema tan complejo como es el divorcio, la experiencia de Juan Pablo nos guía con cautela, pero al mismo tiempo con pasos firmes por el sendero que irremediablemente deben de cruzar los padres y madres divorciados —o en proceso de separación— que tienen hijos.

Seguramente los que me conocen, los que me escuchan por radio, saben que yo tuve que enfrentar un divorcio. Créanme que es un proceso di-fi-ci-lí-si-mo. Al ser yo mamá de dos hermosas hijas, sé (¡vaya si no!) la importancia que juega una comunicación franca y directa con nuestros pequeños. Pero muchas veces es complicado, ¡díganmelo a mí!, hacernos entender con ellos... Explicar que ellas y ellos no son los culpables de que la relación haya terminado aunque constantemente se encuentren en medio del conflicto; explicar que ambos padres seguimos amándolos a pesar de que ya no nos vean en la cama comiendo palomitas frente a la televisión ni dándonos de besos sin el menor pretexto; explicar que aunque las cosas cambien, seguiremos preocupándonos por su bienestar aunque vivamos en casas distintas...

Este libro es tan útil para quienes como yo hemos pasado por un divorcio y para quienes en la actualidad viven un proceso de separación. En estas páginas verán que Juan Pablo explica que los elementos más importantes cuando se toca este tema con los hijos son la sinceridad, tranquilidad y espontaneidad, porque al hacer uso de ellos se estará propiciando que nuestros hijos reaccionen de igual manera.

Sin más preámbulo, les dejo estas enseñanzas que alguien de toda mi confianza nos ofrece como testimonio de un talento único para ayudar a los demás, para ayudarte a ti.

MARTHA DEBAYLE

PRESENTACIÓN

Cuando una pareja decide separarse, por las razones que sean, los más afectados siempre son los hijos. Independientemente de la edad que tengan, al presentarse la ruptura en la relación de los padres, los hijos lo viven como una catástrofe que de pronto les hace perder la seguridad, la estabilidad de su hogar y de su familia.

Para un niño sus padres representan las columnas que sostienen su seguridad y le dan soporte a su vida. Para lograrlo, es fundamental poseer la firmeza de los dos pilares; pero si uno de ellos llega a faltar, el hijo lo asimila como una gran pérdida.

En cualquier proceso de separación los hijos saldrán afectados. No obstante, depende de la manera en que se maneje la ruptura, el desequilibrio emocional que reflejarán los hijos será de moderado a dramático. Lo que todo padre y madre quiere evitar es que el estado dramático ocurra.

El divorcio es una tendencia mundial que va en aumento. En México, en 1980 se registraron cuatro punto cuatro divorcios por cada cien matrimonios. Esta proporción aumentó a dieciséis divorcios en 2011[1], y continúa incrementando de una manera acelerada.

Cada día son más los padres de familia que quieren estrechar el lazo que los une con sus hijos, estar más vinculados y comprometidos con su desarrollo y madurez. Esta actitud ha despertado un gran interés en los padres por contar no sólo con herramientas que les permitan educar mejor a sus hijos, sino también buscar una guía que los oriente en cómo deben abordar el tema de la separación. Lo que se busca es que los hijos se vean menos afectados y, precisamente, en ello radica el propósito de este libro.

Un momento crítico para los hijos es cuando se enteran de que sus padres deciden separarse y aquí nos enfocaremos de modo detallado para manejarlo adecuadamente; como es sabido, no importa tanto lo que se dice sino la forma en que se expresa y eso será un asunto medular que trataremos en estas páginas.

En mi experiencia como psicólogo y psicoterapeuta familiar (aproximadamente un cuarto de siglo), recibo en mi consultorio a una gran cantidad de padres en proceso de divorcio que están preocupados por los daños que su separación ocasionará en sus hijos. Muchas veces, después de evaluar a sus hijos, les confieso algo que los sorprende: "Sus hijos no están afectados por el hecho de que se estén separando sino por el pésimo manejo que llevan en esta situación".

En estas circunstancias, en la mayoría de las niñas y niños se identifica un fuerte desgaste, altos niveles de ansiedad y una considerable perturbación como resultado de los conflictos entre los padres. Hay que considerar que los pequeños son

1. Fuente: INEGI/Estadística/Población, Hogares y Vivienda/ Nupcialidad/ Divorcios/ Relación divorcios-matrimonios, 1980 a 2011.

testigos de la tensión que se vive en el hogar, así como también perciben la incertidumbre de su provenir. Lamentablemente, esto no es todo. La separación llega a convertirse en una lucha en donde los padres usan a sus hijos como escudo y espada; es decir, a veces los emplean para atacarse mutuamente, y otras para defenderse.

La principal causa del desequilibrio emocional de los hijos durante el proceso de separación y divorcio de sus padres no es el divorcio en sí, sino el desconocimiento del manejo adecuado de las formas. Esto es determinante y constituye la clave para evitar un trauma y un daño grave en ellos.

Lo que más les interesa a los padres es no perjudicar a sus hijos con su separación; sin embargo, se dedican a hacer todo lo que les causa trastornos. De cierta manera es comprensible, mas no justificable, dado que se encuentran viviendo un proceso en donde la mayor parte de las veces están involucrados sentimientos: resentimiento, enojo, frustración, decepción y dolor, entre otros.

Y es que cuando dicen que no desean lastimar a sus hijos, parece que los padres no se dan cuenta de lo incongruente de sus acciones. Por ejemplo, no se percatan de que al agredirse mutuamente afectan de forma directa a sus hijos, creen que el hecho de no dar pensión alimenticia no es un insulto, no reparan en la angustia de un niño al ver a su madre preocupada por no tener dinero, piensan que no inquieta a los hijos ver a su mamá sollozando porque su esposo la dejó, creen que a sus hijos no los lastima que de un día para otro su padre o su madre ya no vivan con ellos. Por todo lo anterior: no vale de nada decir que no se quiere dañar a los hijos cuando no se hace nada por evitarlo.

Porque, insisto, la mayor afectación de los hijos no se ocasiona por la separación o el divorcio de los padres, sino por los graves errores que se cometen durante el proceso.

Este libro pretende ser un apoyo para los padres, ya que comparte información valiosa y práctica para manejar correctamente la separación, y así prevenir graves afectaciones en los hijos. Aquí se consideran los posibles escenarios que pueden presentarse durante un divorcio, ya sea entre los padres o con los hijos, y se proporciona una explicación sencilla sobre cómo es conveniente abordar cada situación.

Quisiera dejar en claro que esta guía para padres en proceso de divorcio no pretende promover la separación de las familias así como tampoco convencer a las parejas a que, pese a lo que viven, permanezcan juntas. Ninguno de ambos casos es mi propósito. Si la pareja ha decidido separarse o divorciarse, es esencial que conozca y aplique herramientas adecuadas y procedimientos claves para manejar la situación de la forma más óptima.

Como lo menciono en otros de mis libros, cuando hablen con sus hijos ya sea de este tema o de otros, háganlo siempre con amor y paciencia. Ya sea que vivan en la misma casa o en casas separadas o que estén con ellos los fines de semana, quieran mucho a sus hijos, de ustedes dependerá que les proporcionen las bases necesarias para abrirse paso en la vida.

1. ¿SEGUIR JUNTOS O SEPARADOS?

Probablemente la decisión de la separación o el divorcio es una de las más difíciles que una persona debe tomar en su vida. Por ello, aunque no es el objetivo principal de este libro, es esencial tocar el tema de cuándo resulta conveniente que se presente o no un alejamiento en la pareja.

Es muy común que los padres de familia muestren serias dudas de cuándo es momento o no de separarse, si deben permanecer juntos por los hijos o si deben tomar al toro por los cuernos y comenzar el proceso de desvinculación. Estas confusiones suelen rondar una y otra vez en su mente hasta el extremo de la incertidumbre, lo que trae como consecuencia una vida de pareja cada vez más conflictiva e insatisfactoria; porque la situación no se resuelve por ninguna vía. Ni se comprometen a continuar juntos y tratar de resolver sus problemas, ni tampoco deciden separarse. Prevalece la duda, la culpa y el temor a tomar una decisión equivocada que los haga arrepentirse. Permanentemente experimentan sentimientos encontrados que provocan ansiedad y preocupación.

No tengo la intención de ser separatista ni tampoco pretendo unir parejas que ya no encuentran un sentido para seguir juntas.

En todo caso, estas reflexiones y planteamientos pretenden ayudar a manejar la separación de la pareja de la mejor manera y mostrar una orientación en cuanto a los motivos que podrían reforzar la decisión de acabar con una relación.

Relaciones destructivas y conflictivas

¿Cómo y cuándo decide una pareja seguir unida o separarse? Podríamos referirnos a diferentes teorías para contestar a esta pregunta y escribir páginas y páginas sobre el tema; sin embargo, es posible resumirlo en dos respuestas sencillas y sensatas: la primera, una separación es recomendable cuando la pareja sostiene una relación que es destructiva y conflictiva; y, la segunda, cuando el amor se acaba.

> Existen dos indicadores esenciales de que la separación de la pareja es la decisión más conveniente: cuando sostienen una relación destructiva o conflictiva, y cuando el amor se acaba.

En el primero de los casos, ¿cómo saber si la relación de pareja es destructiva y conflictiva? Es sencillo. Hay dos registros que son determinantes para identificar si la relación se encuentra dentro de esta clasificación. El primero es realizar una valoración de la calidad de la relación y hacer un balance que permita identificar si existen más momentos negativos que positivos; si hay más cosas malas que buenas. Y no sólo eso, también es importante considerar la intensidad; es decir, qué tan malos son los momentos malos o qué tan buenos son los momentos buenos.

Este análisis cualitativo es fundamental, porque es muy común que cuando una pareja tiene momentos malos, éstos son en verdad terribles, con violentas discusiones, indiferencia absoluta, golpes, descalificaciones, insultos, etcétera; y que, en cambio, los momentos que se clasifiquen como buenos, en realidad ni siquiera existan, y sólo se trate de espacios en los que no hay conflictos, momentos de paz, pero no placenteros ni agradables ni gratificantes.

Hay que tener muy clara la diferencia que existe entre el estar bien y no estar mal, que no es lo mismo. En todo caso, estar bien significaría que en la pareja existen muestras de cariño, comprensión, apoyo, admiración, respeto, dedicación, consideración, etcétera.

De esta manera, si se hace una evaluación de la relación de pareja y se encuentran que prevalecen los momentos malos y los buenos, prácticamente, no existen, y que además es una situación que se ha vuelto permanente, entonces se trata de una relación que no tiene sentido. No obstante, si se realiza este mismo examen y se descubre que son más comunes los buenos momentos que se viven con la pareja y que los malos tiempos han sido pocos, aunque tal vez difíciles, es una relación que tiene grandes posibilidades de rescatarse.

El segundo indicador que sirve como referencia para identificar si una relación es destructiva y conflictiva es preguntarse: ¿Mi pareja saca lo mejor o lo peor de mí? En las relaciones sociales de cualquier tipo, ya sean familiares, de amistad, laborales y hasta casuales, se genera cierta influencia en ambos sentidos ya sea que nos percatemos de ello o no, y este efecto puede ser positivo o negativo. En el caso de las parejas esta influencia es mayor, por el tipo de vínculo que las une. Así, en una relación de pareja, hay personas que estimulan los rasgos positivos o negativos de la otra.

> Una relación de pareja puede considerarse destructiva y conflictiva cuando los momentos malos son superiores a los buenos, y cuando uno saca lo peor del otro.

Cuando él o ella potencia los rasgos negativos de la personalidad de su pareja, en vez de hacer florecer sus cualidades, estamos ante una relación poco conveniente. Muchas veces las personas hasta llegan a desconocerse a sí mismas, y suelen decir: "Es que yo nunca había tenido estos malditos celos", "Jamás me había enojado de esta manera", "Nunca en mi vida me había sentido tan triste", "Con nadie había llegado hasta los golpes", "Hablo con groserías e insultos, cuando antes no acostumbraba hacerlo", "No encuentro solución a los problemas y me dan ganas de huir", "He llegado a pensar en quitarme la vida para acabar con este sufrimiento", "Me siento devaluado", etcétera.

Una particularidad de las relaciones destructivas y conflictivas es que tienden a ir en aumento; es decir, cada vez son más complicadas, más desgastantes y más dañinas. Es poco común, aunque no imposible, que exista alguna pareja que tenga una relación de este tipo y que logre rescatarla y sanearla.

Una relación constructiva y armónica funciona a la inversa. Los momentos buenos de la pareja son los más frecuentes y constantes, y cada uno saca la mejor parte del otro. Tristemente muchas personas me han preguntado: "¿Y eso existe? ¿Es posible una relación de pareja de ese tipo?". Es muy grato contestar que no sólo existe y es posible, sino que es lo ideal, y que debería ser el propósito de todas las parejas.

¿Qué significa que él o ella saque lo mejor de ti? Quiere decir que tu pareja hace que te sientas bien, estable, que estés de buen humor, que sientas ganas de vivir, que tengas ilusiones y proyectos, que te impulse a la acción, la creatividad y la productividad. En pocas palabras, alguien que te hace ser mejor persona.

Por otro lado, culturalmente nos venden la idea de que el amor verdadero tiene que ser eterno, de lo contrario no es amor. Eso es completamente falso. El amor se acaba por diversas razones. Generalmente la principal razón que une a una pareja y que la lleva a tomar la decisión de casarse es el amor que sienten uno por el otro. Con el tiempo, se van formando otro tipo de lazos, como son los hijos, proyectos, bienes comunes, etcétera, pero todo basado en el amor.

Cuando el amor se acaba (aunque cueste trabajo aceptarlo es bastante común que suceda), muchas personas pierden el sentido de continuar con la relación de pareja. El matrimonio puede ser suficientemente difícil y complejo, como para llevarlo sin amor. Es por esto que cuando el amor termina, ya sea en ambos o en uno de los integrantes de la pareja, llega a ser imposible seguir en una relación por doloroso que sea.

> El matrimonio puede ser suficientemente difícil
> y complejo, como para llevarlo sin amor.

Existen casos de personas que reconocen que ya no sienten amor por su pareja, pero incluso así deciden seguir unidas por varias razones: por estabilidad familiar, creencias religiosas, presión social, bienestar de los hijos, miedo, comodidad, inseguridad, entre otras, pero evidentemente no por la motivación más importante, el amor.

Los hijos, ¿razón suficiente para permanecer unidos?

¿Qué sucede cuando los hijos están de por medio en la decisión de la separación o el divorcio? ¿Los hijos son una razón suficiente para mantener unida a la pareja? Cuando tengo oportunidad, formulo estas preguntas a mis pacientes y me he encontrado con tres posiciones diferentes. Algunas personas me contestan que definitivamente sí es una razón de peso para continuar con su esposo o esposa, dado que los hijos son una gran responsabilidad que merece cualquier tipo de esfuerzo y, sobre todo, que como padres tienen la obligación de hacer lo necesario por evitar lastimarlos. Otras me dicen que de ninguna manera, los hijos no son una razón para continuar juntos, porque el hecho de sostener una relación dañina puede resultar contraproducente y convertirse en un infierno para toda la familia. Y algunas otras me responden que depende de diferentes circunstancias, como la edad de los hijos, si la madre trabaja o no, si tienen quién les ayude con el cuidado de los hijos, si los padres son económicamente independientes, quién se hará responsable de la manutención, el equilibrio emocional de los hijos, qué tan conflictiva o llevadera es la relación de la pareja, entre otros factores.

Pero, finalmente, ¿qué es lo recomendable?

Siempre digo que los hijos pueden ser una razón para que la pareja se mantenga unida, sólo si se cumple con una condición, y ésta es: que los hijos no sean la única razón para continuar juntos. No es válido que una pareja decida continuar unida cuando los hijos son el único y exclusivo motivo que sostiene su relación, porque entonces se convierte en un sacrificio que hará que la relación no tenga sustento para progresar y que los hijos se conviertan en una carga. Además, esto remite a un esfuerzo que los hijos no necesariamente tendrán que agradecer ni valorar.

> *Los hijos pueden ser una razón para que la pareja se mantenga unida, sólo si se cumple con una condición, y ésta es: que ellos no sean la única razón para continuar juntos.*

A cualquiera le sorprendería la gran cantidad de niños y adolescentes que en consulta me confiesan que no comprenden el motivo por el que sus padres siguen juntos, que lo que más quisieran sería verlos felices y realizados, aunque para ello tuvieran que divorciarse.

Los hijos se percatan cuando la relación de sus padres es destructiva o conflictiva, cuando no hay amor ni armonía, cuando retrocede en lugar de evolucionar, cuando los anula en lugar de engrandecerlos y, desde luego, es algo que los entristece y que lamentan.

De tal modo que los hijos pueden ser la razón para mantener a un matrimonio unido, sí y sólo si ésa no es la condicionante absoluta. Es decir, si se decide continuar como pareja por los hijos, pero además porque ambos tienen como prioridad a la familia, porque están decididos a resolver conflictos y desavenencias, porque comparten un proyecto de vida más allá de los niños, porque quieren rescatar todo aquello que los unió en un principio o, quizá, porque después de todo sí hay amor. Cualquier razón es válida, pero deben existir motivos adicionales a querer continuar unidos por no afectar a los hijos. Después de todo, los perjudican más si sostienen una relación sin sentido.

Cuando una pareja se presenta en mi consultorio y expone la incertidumbre de permanecer juntos o separarse, y además me comentan que están preocupados por no afectar ni lastimar a sus hijos, lo primero que hago es un diagnóstico de la relación. Este diagnóstico tiene como propósito identificar tres elementos fundamentales: si se aman, si no se aman o si únicamente uno de ellos ama. En todos los casos me refiero a un amor auténtico, no cuenta si sólo se tienen cariño, porque éste no alcanza para sostener una relación o por lo menos una relación deseable. Cabe recordar que existe una enorme diferencia entre amar y sentir afecto.

En el primer caso, suponiendo que ambos se aman, entonces sé que hay mucho que se puede hacer para rescatar la relación a través de una asesoría individual y en pareja. Cuando una pareja tiene muchos conflictos y llega a considerar la posibilidad de separarse, aun cuando se aman, es muy difícil que puedan resolver sus problemas sin ayuda de un experto, por lo que siempre es recomendable una asesoría o terapia profesional. Esto parte de un hecho muy simple: si durante tanto tiempo ellos solos no han podido resolver sus problemas y además se han acumulado hasta llegar a una situación de crisis, ¿qué les podría hacer pensar que en ese momento de frialdad sí lo conseguirán? Cuando una pareja se ama verdaderamente casi siempre es posible lograr el perdón, la reconciliación y rescatar la relación. Claro, no siempre es fácil; implica mucho trabajo debido a todas las dificultades y fracturas que pudieron haberse provocado.

En cambio, cuando una pareja ya no se ama, cuando ninguno de los dos siente amor por el otro, también es posible hacer un trabajo profesional muy interesante e importante, pero en este caso no va enfocado a rescatar la relación sino a disolverla de una manera sana; e incluye tanto a la pareja como a los hijos.

El tercer caso, cuando sólo uno de los integrantes de la pareja siente amor y el otro no, es el que resulta más complicado y desgastante.

En consulta, para identificar en qué tipo de situación se encuentra la pareja, les solicito que realicen una tarea individual para evaluar si aún aman a su compañero o compañera, y en una sesión posterior ambos exponen el resultado. Este momento de la verdad, cuando uno de ellos verbaliza que ya no siente amor por el otro, resulta muy doloroso y desconcertante. Generalmente es el resultado de una situación de atemporalidad; es decir, los tiempos no coinciden en la pareja. Implica que, muy probablemente, cuando uno estaba en total disposición y ponía todo de su parte, el otro no se mostraba interesado en cooperar. Y luego los papeles llegan a invertirse, y el desinteresado deja de estarlo y de pronto quiere hacer todo lo posible por rescatar la relación, pero el otro ya perdió la motivación.

Cuando en una pareja uno de los integrantes ama y el otro ya no, también hay mucho por hacer en terapia o en asesoría, con un enfoque diferente; se trabaja para que la persona que todavía siente amor aprenda a desvincularse y a reacomodar las piezas de su vida sin esa relación.

En el consultorio suelo hacer la siguiente pregunta a las parejas que asisten a terapia: "¿En dónde se termina una relación?". Y me han dado diversas respuestas: cuando se termina el amor, cuando se involucra una tercera persona, cuando ya no hay relaciones sexuales, cuando deja de haber respeto, etcétera. Y yo les remarco: "No pregunté cuándo se termina una relación, sino en dónde". Y, habitualmente, después de un momento de desconcierto y sin saber bien a bien a qué me refiero, me comienzan a dar algunas respuestas tales como: en la cama, en el hogar, en la sociedad, en la convivencia, en el pasado, y un sinfín de respuestas sin mucho sentido. Y después de hacerlos pensar por un rato, les digo: "¿Saben en dónde termina una relación? Se termina en la cabeza". Así es, una relación termina cuando mentalmente se da por terminada. Tú puedes tener diez años con tu pareja, pero en tu mente terminaste con ella hace ocho años, porque desde ese tiempo cerraste el ciclo, concluiste la relación. Mentalmente tú ya terminante aunque físicamente sigas ahí.

> *Las relaciones no se terminan de un día a otro, es un proceso mental y emocional que se va gestando hasta que se concreta. También existen casos contrarios, en los que puedes tener diez años de haberte separado y hasta divorciado de tu pareja, pero en tu cabeza no concluyes la relación, no te desprendes, no cierras círculos, sigues enganchado y, por consiguiente, te sientes ligado emocionalmente a la otra persona.*

Por eso resulta tan doloroso para un individuo enterarse de que su pareja ya no siente amor, porque muchas veces no lo imaginaba, pues ni siquiera había dado demostraciones evidentes de ello. La vinculación física no necesariamente está relacionada con la vinculación emocional. En ocasiones se gestan situaciones muy desafortunadas que permanentemente se observan en lo cotidiano. Lo explico: hay quienes están sin estar en una relación, y quienes no están, incluso estando. Esto significa que existen momentos en los cuales una persona permanece físicamente en una relación cuando ya su mente está en otro lado; mientras que en otros casos, físicamente no está, pero en su mente sigue ahí.

> Hay personas que están sin estar en una relación, y quienes no están, incluso estando.

Análisis para decidir una separación

Lo que sucede más comúnmente cuando una persona se encuentra ante la disyuntiva de separarse o continuar con su pareja, es realizar un análisis de las ventajas y desventajas de cada una de las alternativas. Sin embargo, esta evaluación suele efectuarse de una manera parcial y limitada, y así es imposible tomar una decisión objetiva y acertada.

¿A qué se debe? Al hacer este análisis, generalmente la persona considera las ventajas de continuar con la relación de pareja y las desventajas de separarse. Esto es incorrecto desde cualquier punto de vista, pues proporciona un análisis sesgado de la situación real. Si la decisión se toma con base en lo que resulte de esta evaluación, es natural que habrá una tendencia a continuar unidos, dado que sólo se estarán considerando los aspectos positivos de la decisión.

¿En qué consistiría un análisis correcto que permitiera tener un panorama real de la situación y tomar una decisión más acertada? Esta evaluación debería considerar las ventajas de permanecer juntos, pero también sus desventajas. Y a la inversa: las ventajas y desventajas de estar separados. De esto resulta un análisis muy completo, con cuatro enfoques diferentes.

A veces, a los padres se les dificulta encontrar las desventajas de permanecer juntos, porque creen que con el propósito de no perjudicar a sus hijos sólo existen ventajas. Cuando los padres se encuentran en esta posición, acostumbro hacerles una pregunta: "¿Te gustaría que tu hija o tu hijo en la edad adulta tuviera una relación de pareja como la que tú tienes?". Cuando la respuesta es un rotundo "NO", les comento que es muy probable que sus hijos imiten el tipo de relación de sus padres, pues a través de ellos están aprendiendo a vincularse en pareja, y la tendencia será a repetir el patrón.

Por supuesto que no se trata de una regla que obligatoriamente se deba cumplir, pero sí es una predisposición: es más fácil repetir un modelo que romperlo.

¿Qué se tiene que hacer para continuar con un patrón? Nada. No se necesita hacer absolutamente nada para repetir un patrón; romperlo requiere de un gran esfuerzo.

> Cuando los padres se dan cuenta del enorme riesgo que representa que sus hijos repitan el modelo de su relación, toman conciencia que es una desventaja permanecer juntos.

La mayoría de los padres de familia consideran una ventaja el mantenerse unidos como pareja, el hecho de conservar una familia bien estructurada, que sus hijos tengan a su madre y a su padre juntos, que esto les proporcione una solidez y seguridad, aunque entre ellos no exista amor ni comunicación y, en algunos lamentables casos, incluso a pesar de que haya maltrato, faltas de respeto, discusiones, violencia, descalificaciones, infidelidades, indiferencia y un largo etcétera, pero todo con tal de que sus hijos tengan una familia integrada. ¿En realidad será una ventaja aferrarse a un matrimonio con estas características? Tal vez en una situación de este tipo hace falta considerar las ventajas de separarse, entre las que estaría el beneficio de que un hijo tenga una vida tranquila, sin la necesidad de vivir con la ansiedad y la tensión que ocasiona la mala relación de sus padres.

De la misma manera, para algunos padres es complicado identificar las ventajas de la separación —e insisto en que no es un propósito de este libro promover que las parejas se separen—, pero así como es importante considerar el lado negativo de la separación también hay que tener apertura mental para buscar un posible lado positivo. Por ejemplo, una ventaja de la separación puede ser transmitir un modelo a los hijos que puede convertirse en una lección de vida. Cuando los padres actúan con valor y dignidad hacia su propia persona, transmiten a sus hijos mensajes que se vuelven tesoros muy preciados. Algunos ejemplos de este tipo de mensajes son: "Mereces ser amado, respetado y valorado". "Nadie, mucho menos tu pareja, tiene derecho a lastimarte", "No tienes obligación de permanecer al lado de alguien que no te ama, o por el contrario, de alguien a quien tú no amas", "No tienes necesidad de soportar traiciones, humillaciones, maltrato o infidelidades", "Mereces una relación amorosa y respetable", etcétera.

Para una pareja que tiene conflictos, la decisión de separarse o de continuar con la relación puede ser muy delicada y difícil. Por ello, para que la elección sea lo más acertada posible, hay que considerar el lado positivo y negativo de ambos escenarios.

Una vez que se identifiquen las ventajas y desventajas de la separación, así como las ventajas y desventajas de permanecer juntos, se cuantifican cada una de ellas. La resolución más acertada sería decidirse por aquello que presente el mayor número de ventajas y cuyas desventajas no sean proporcionalmente indeseables.

> *Si una persona desea realizar una evaluación correcta y objetiva sobre la conveniencia de separarse o de continuar con su relación de pareja, es fundamental que haga un análisis desde diferentes enfoques, el cual debe considerar las ventajas y desventajas de la separación, así como las ventajas y desventajas de seguir juntos.*

En este aspecto es importante tener claridad sobre los verdaderos motivos que mantienen a una pareja unida, porque es muy común encontrar personas que deciden conservar la relación porque su principal propósito en la vida es mantener a la familia unida y por el bienestar de los hijos, pero en el fondo disfrazan la realidad. Tal vez la verdadera razón sea que se mueren de pánico por la responsabilidad de tomar una decisión tan delicada, por no enfrentar a la sociedad, por perder la seguridad económica o por cualquier otro tipo de temor. Juegan con el autoengaño por no aceptar la realidad o los verdaderos motivos de permanecer en una relación que ya no funciona ni tiene futuro.

Aparentemente es admirable una mujer que por no afectar a sus hijos decide no separarse de un marido que la lastima, humilla y devalúa; pero si su verdadero motivo es un gran temor a estar sola y el hecho de no tener ingresos económicos que le permitan una independencia, en realidad lo que está haciendo es humillarse y desvalorizarse, prefiriendo vivir una relación de sometimiento sintiéndose desdichada y deprimida. Ver a su madre en esas condiciones podría afectar mucho más a los hijos que el hecho de que se divorciara.

> Casi siempre por temor, hay personas que juegan con el autoengaño porque no aceptan la realidad o los verdaderos motivos para permanecer en una relación que ya no funciona ni tiene futuro.

Antes que nada, hay que preguntarse si vale la pena luchar por una relación, y lo digo literalmente. ¿Vale penar? Es decir, ¿son válidas las penas que voy a vivir por conservar una relación? Habrá que cuestionarse si en el fondo hay algo que rescatar de la relación.

La siguiente analogía es muy útil para comprender el verdadero significado de lo que representa rescatar una relación. Supongamos que la pareja navega en un barco que de pronto choca con un iceberg y se hunde (el *iceberg* puede representar cualquier factor que separe a la pareja o que deteriore la relación, ya sea una tercera persona, conflictos o distanciamiento). La pareja logra ponerse a salvo en una lancha salvavidas. Una vez que tocan tierra firme, tienen que decidir si conviene ir a rescatar el barco del fondo del mar. Pero, para esto, desconocen cuánto esfuerzo requerirán, pues no saben si el barco está hundido a cien, mil o hasta más de tres mil metros de profundidad, ni qué tan dañado se encuentra. Deberán cuestionarse si vale la pena el esfuerzo, la inversión, el desgaste y el tiempo que se necesita para rescatar el barco, así como qué tan valioso es el barco en sí y los objetos que contiene. Porque es factible que ese barco que probablemente esté a más de tres mil metros de profundidad, como el Titanic, tenga mucho valor, como puede ser amor, cariño, respeto, una historia, un proyecto de vida común, afinidad, atracción, compañerismo, apoyo, intereses, gustos, etcétera; como también puede ser que no tenga nada valioso. ¿Es rentable rescatarlo? La infraestructura que se requiere para salvarlo implica mucho esfuerzo, terapias individuales y de pareja, cambiar modelos, estilos y dinámicas, manejarse en otro sentido, hacer grandes sacrificios, perdonar, dejar atrás rencores, así como comprender y amar a la pareja, entre muchas otras cosas. ¿Ha sufrido daño progresivo el barco mientras ha estado hundido? Con base en todo esto, la pareja tendrá que decidir si se aventura a rescatar el barco. Es probable que decidan hacerlo porque se dieron cuenta de que ahí dejaron cosas muy valiosas y que merece todo el esfuerzo. Tal vez no estén tan seguros del valor de los objetos que llevaban, pero creen que hay algunos centenarios, y bien vale la inversión para comprobarlo, aunque existe el riesgo de que comprueben que no hay nada preciado, o, por el contrario, saben a ciencia cierta que no llevaban nada de valor y que además es muy factible que el barco haya sufrido graves daños, por lo que no vale el esfuerzo ni la inversión que representa recuperarlo.

> *Antes de lanzarse a rescatar una relación de pareja, primero hay que cuestionarse si existe algo valioso en ella y, si el esfuerzo que se requiere, merece el intento.*

Un buen manejo de la separación

Uno de los grandes enemigos a vencer y del cual tenemos que estar en extremo atentos con los hijos, es el tema de la ansiedad, ya que suele jugar el papel más delicado dentro de todo el proceso que el niño va a vivir.

Cuando existe un buen manejo de la separación, muchos niños dejan de presentar los síntomas más comunes de la ansiedad. De hecho, es muy probable que la ansiedad que se gestó antes y durante el proceso de la separación, incluso pueda eliminarse completamente una vez que los padres dejen de vivir juntos.

> La ansiedad es uno de los primeros síntomas que aparecen cuando los hijos se enteran de la separación de sus padres, y es un asunto muy delicado que hay que identificar para poder tratarlo.

De aquí la importancia de abordar el tema de la separación, bajo la lupa de tres conceptos básicos:

- Sinceridad
- Tranquilidad
- Espontaneidad

Son los factores más determinantes para evitar la ansiedad y la afectación en los hijos. Y, para ello, muchas veces también es necesario un trabajo previo por parte de los padres antes de exponer la separación a sus hijos.

Cuando los padres no están seguros de separarse o cuando ya tomaron la decisión de hacerlo, dudan sobre la conveniencia de pedir orientación psicológica o de acudir a terapia de pareja. Es esencial que los padres comprendan que la terapia de pareja no sólo es útil para acercar a las parejas, sino también cuando se encuentran en un proceso de ruptura: a través de una asesoría y orientación profesional se puede lograr una sana disolución del vínculo, así como un manejo apropiado de las cargas emocionales y del duelo.

Cuando una pareja se separa, hay tres elementos básicos con los que es sano trabajar. El primero de ellos es el enojo; comprender y reconocer este sentimiento de ira y pesar ayuda a superarlo. El segundo elemento es el perdón, tanto a uno mismo por los errores propios, como a la pareja por el daño que pudo haber causado. Y el tercer elemento es la renuncia de las ilusiones. Con éste último elemento me refiero a que una parte muy delicada de la separación de la pareja es que generalmente se crean muchas expectativas al momento de iniciar una vida y una familia juntos, y en cuanto se rompe el vínculo también se rompen sueños, esperanzas y fantasías, por lo que es muy importante trabajar esta significativa pérdida durante el proceso de duelo.

> Cuando la pareja se separa, hay tres elementos con los que se debe trabajar de inmediato: el enojo, el perdón y la renuncia de las ilusiones.

Para este fin, la terapia psicológica es altamente recomendable, aunque existen otras alternativas que son igualmente efectivas, como lecturas de temas relacionados, cursos, meditación, asesorías, etcétera. Se pueden encontrar diversas opciones que son muy positivas y deseables; no obstante, existen estrategias que son muy dañinas, como recurrir al alcohol o las drogas, la obsesión por el ejercicio o el trabajo, entre otras, que sólo sirven para evadir el problema pero no para solucionarlo.

Mensajes de vida a los hijos

Como mencionaba anteriormente, la decisión de continuar unidos como pareja o de separarse implica tanto ventajas como desventajas en ambos sentidos. E insisto en que una de las ventajas de la separación cuando la pareja ya no tiene una relación amorosa, constructiva ni sana, es el mensaje que se les transmite a los hijos como una lección de vida.

Es prácticamente imposible que una persona pueda trasmitir a sus hijos valores como el amor propio, el respeto, la integridad y la honestidad, entre otros, si ella misma no los pone en práctica, permitiendo que su pareja la denigre, humille y maltrate. Recordemos que las palabras convencen, pero el ejemplo arrasa.

> Es prácticamente imposible que los padres logren transmitir valores a sus hijos, si ellos mismos no los ponen en práctica ni actúan de manera congruente.

Como veremos más adelante, el desamor es una de las principales causas de separación de las parejas. Cuando el desamor se presenta, ya sea en uno u otro integrante de la pareja, y se da la separación, el hijo automáticamente comprende que tal como sus padres han demostrado con el ejemplo, él tampoco tiene necesidad de vivir con alguien que no lo ama o, de la misma manera, que no tiene obligación de permanecer al lado de alguien a quien ya no ama. Son mensajes no verbales que transmiten grandes valores que los hijos adoptan y que en su momento llevarán a la práctica cuando la vida los ponga en una situación similar.

Vivir una experiencia equivalente no significa que el niño tendrá que esperar a ser adulto y estar casado para poner a prueba esos valores, sino que ya formarán parte de su vida y llevará a la práctica ante cualquier circunstancia que se le presente. Por ejemplo, una niña de quince años de edad que quiere terminar con su novio porque ya no está contenta con la relación, y él la amenaza con salirse de la escuela o con suicidarse si lo deja. Ella sabrá que es un chantaje en el que no debe caer y que nada la puede forzar a estar con quien ella no desea. Pero, si el ejemplo de sus padres hubiera sido negativo en este sentido, ¿cómo hubiera reaccionado esta jovencita ante la misma situación? Seguramente se hubiera sentido amenazada, insegura y con miedo, y esto la hubiera obligado a continuar con esa relación, presentaría la tendencia a repetir el patrón una y otra vez, con todo el daño que eso implica.

Una madre puede decirle a su hija:

> *Tu papá es una persona muy valiosa, muy trabajadora y muy responsable, pero conmigo se comporta de forma grosera e irrespetuosa, y yo no tengo por qué estar al lado de alguien*

que me menosprecia así. Me trata como si yo fuera uno más de sus empleados, y nunca me da el lugar que merezco como su esposa. Ya se lo hice ver de todas las formas posibles, pero no ha cambiado su actitud, sino al contrario, cada vez es más denigrante su trato hacia mí. Me descalifica, me critica, nada de lo que yo hago le gusta, dice que estoy fea y gorda, que no sé arreglarme, que no sé educar a mis hijos ni llevar un hogar. Y como no tengo interés de estar con una persona que no me valora en ningún sentido y porque quiero tener una vida digna, decidí separarme de él.

Éste sería un mensaje genuino que demuestra el respeto a uno mismo, ante cualquier circunstancia.

Los hijos de padres que toman decisiones sabias y congruentes sabrán que no tienen necesidad de vivir en función de otros; que no tienen por qué actuar en contra de su salud física, emocional y mental; que no hay obligación de estar en donde no se sienten a gusto o que no son tratados con respeto; y no harán nada por el simple hecho de agradar a los demás. Sabrán que si alguien no los valora no significa que no valen.

Y, como es natural, los hijos también reciben mensajes de vida de los padres que saben cuidar su relación de pareja y que la cultivan.

2. PROCESO DE SEPARACIÓN

En este capítulo revisaremos algunas recomendaciones para manejar la separación de los padres, de acuerdo con la etapa en que se encuentran. Así será más sencillo entender y aceptar este proceso, que generalmente causa muchas dificultades y conflictos.

El proceso de separación de una pareja abarca diferentes etapas. Inicia en el momento en que viven una situación crítica, conflictiva y que tiende a alejarlos y, de no resolverse adecuadamente, la mayoría de las veces concluye en un divorcio.

El proceso de la separación se puede ubicar en seis etapas:

a. **Primera etapa:** Algo no anda bien en la relación de papá y mamá.

b. **Segunda etapa:** Estamos tratando de resolver los problemas.

c. **Tercera etapa:** La separación como una posibilidad.

d. **Cuarta etapa:** La separación.

e. **Quinta etapa:** Se considera el divorcio o se inician los trámites del divorcio.

f.   Sexta etapa: Se concreta el divorcio.

Es importante mencionar que estas etapas deben ser tomadas en cuenta desde dos enfoques. El primero y más importante, como parte de las sugerencias que se hacen para transitar el proceso de separación de la manera más tranquila y ordenada, con la finalidad de afectar lo menos posible a los hijos, para que así se les vaya permitiendo el procesamiento de la información y el manejo de las emociones; cómo lo hemos venido diciendo, hay que dar oportunidad para que los niños y jóvenes vayan haciendo sus propios acomodos mentales.

El segundo enfoque es para que también sirva como una guía que facilite a las parejas ubicar en qué parte del proceso se encuentran. Lo ideal sería que desde el comienzo del proceso de separación, los padres tuvieran claras las diferentes etapas, para que así pudieran transmitirles a sus hijos mensajes de acuerdo con cada una de ellas, lo cual sería una forma sutil de prepararlos. Sin embargo, también es altamente probable que la iniciativa de separación se encuentre en marcha, tal vez hasta en las etapas finales, y que todavía no se haya tenido un diálogo con los hijos sobre la situación que se vive en casa. De ser así, es importante aclarar que nunca es tarde para comenzar a tomar acción. Suponiendo que la pareja ya está separada, ya hubo pleitos, gritos, discusiones, ya no viven juntos y se encuentran en proceso de divorcio, sigue siendo oportuno y deseable que pongan en práctica lo que aquí se propone, en el sentido de hablar con los hijos acerca de lo que ha sucedido de forma sincera, tranquila y espontáneamente.

Un ejemplo podría ser:

Hijo, he estado pensando algunas cosas de las que han pasado entre tu papá (o mamá) y yo. Tú has visto que la relación entre nosotros se ha dificultado y te hemos afectado mucho. Creo que cometemos muchos errores e hicimos las cosas mal, desafortunadamente nos ganó el enojo a ambos. Quiero que sepas que tú no eres responsable de esto y que a partir de ahora trataré (trataremos) de hacer las cosas de diferente manera para que todo esto no vuelva a causarte daño. Lo que quiero es que tengas siempre presente que te queremos mucho y que reconocemos que nos equivocamos al hacer así las cosas.

De esta manera, los hijos podrán reconocer la sinceridad y apertura de los padres, lo cual funcionará como un bálsamo para la ansiedad y confusión que seguramente tienen mucho tiempo acumulando.

Primera etapa.
Algo no anda bien en la relación de mamá y papá

Cuando la separación de los padres es inminente, es útil informar a los hijos sobre su situación. Esto con la finalidad de darles tiempo de hacer sus acomodos mentales. Habrá cambios en sus vidas y esto puede generar angustia.

> Manejar el tema de la separación desde la primera etapa del proceso permite que los hijos puedan ir resolviendo, de manera correcta, los cambios que vivirán.

Sin embargo, en este aspecto es frecuente que los padres se cuestionen, sobre todo, dos situaciones. La primera: ¿qué sucede cuando la separación no es un hecho seguro y se genera una ansiedad innecesaria en los hijos? Y la segunda: ¿qué pasa cuando la separación ya es una decisión concreta y en el proceso se llegara a cambiar de parecer para intentar resolver sus problemas? Aunque cualquiera de estas dos situaciones fuera altamente probable, si en el momento presente la pareja se encuentra evaluando la posibilidad de la separación, siempre será más recomendable enviar mensajes a los hijos de que algo no anda bien en la relación de papá y mamá; identificar esta etapa inicial es una gran oportunidad para preparar a los hijos de la mejor manera. En todo caso, si se llegara a presentar la reconciliación, lo más correcto sería reconocer que la pareja se encuentra en la segunda etapa; es decir, que están intentando resolver sus problemas. Lejos de afectar a los hijos informándolos sobre algo que les causa ansiedad y que finalmente es posible que no llegue a concretarse, les da claridad y tranquilidad entender lo que está sucediendo con su familia.

En este punto es fundamental aclarar que, una vez que se expone ante los hijos el inicio del proceso de separación, es altamente recomendable continuar transmitiéndoles mensajes de acuerdo con cada etapa, sin omitir ninguna de ellas. Sería una injusticia decirles que sus papás están teniendo problemas y que una separación sería posible, y que posteriormente se reconciliaran sin informarles nada. En este caso, aunque los hijos vieran a sus padres unidos y felices, siempre se quedarían con la ansiedad de no saber lo que puede ocurrir.

Una sugerencia muy útil en esta primera etapa es preguntarle al hijo cómo percibe la relación de sus padres. Esto tiene muchas finalidades, una de ellas es identificar lo que piensa y lo que siente sobre la situación. Es probable que crea que la relación es estable, que no se haya percatado de ningún conflicto ni distanciamiento entre papá y mamá, que nunca haya considerado la posibilidad de una separación y que crea que su familia estará unida para siempre; o que tenga una idea acerca de la situación real y que hasta haya considerado la posibilidad de una separación, ya sea porque los escuchó tocar el tema o porque lo haya intuido a través de los pleitos, indiferencia y distanciamiento entre sus padres.

De cualquier manera, para los padres será muy valioso conocer la posición del hijo ya que les permitirá identificar la forma más conveniente para informarle sobre la separación sin afectarlo. Hay que considerar que los niños perciben mucho más de lo que los padres suponemos a través de su amplio radar, no sólo de este tema, sino en general.

Veamos un ejemplo:

Hijo, ¿cómo nos ves a tu papá (o mamá) y a mí?
Bien. Yo creo que se quieren mucho.
Sí, tienes razón, hijo, creo que hay mucho cariño, pero no estoy segura de que todavía haya amor.

La información se transmite con tranquilidad y si es de manera gradual es mejor. No forzosamente tenemos que comunicar la versión completa de una sola vez, al contrario, lo que se propone es que los mensajes se manden poco a poco para que se dé tiempo a los hijos de que vayan procesando mentalmente la situación.

Otros ejemplos:

> *¿Qué pensarías si tu papá (o mamá) y yo nos separamos?*
>
> *Hijo, ¿has notado que tu papá (o mamá) y yo hemos tenido muchos problemas últimamente y que eso nos ha distanciado. Hace tiempo que tu papá (o mamá) y yo hemos tenido muchas discusiones, pero tenemos cuidado de que no te des cuenta para no inquietarte.*
>
> *Hijo, ¿qué piensas de que tu mamá (o papá) y yo ya casi no salimos juntos? ¿Te has preguntado por qué ya no paseamos juntos los fines de semana? ¿Te has dado cuenta de que cuando vamos a ver a tu abuelita ya no nos acompaña?*

En esta etapa se pretende sembrar en la mente de los hijos la idea de una posible separación entre sus padres. No es momento de dar mayores explicaciones ni detalles sobre la situación.

Segunda etapa Estamos tratando de resolver nuestros problemas

Se trata de que los hijos sepan que sus padres están teniendo problemas en su relación de pareja, pero que están intentando solucionarlos. Es decir, de esta forma el niño se entera de que la situación con sus padres es crítica y, a la vez, están haciendo algo respecto a encontrar una posible solución.

En este caso pueden mencionarles a los hijos algunos hechos específicos de acciones que los padres ya hayan tomado en el sentido de resolver sus problemas, como tener conversaciones, buscar ayuda espiritual o profesional, tomar terapias, acudir a encuentros matrimoniales, asistir a cursos, lectura de libros para orientarse y ayuda profesional, hablar con algunas personas cercanas, etcétera. Lo importante es que les dejen entrever no sólo que sí han hecho algo respecto, sino que además se les pueda inducir a la posibilidad de que probablemente ellos (los hijos) también requieran orientación profesional en algún momento.

> *En la segunda etapa, los hijos sabrán que sus padres han tenido dificultades que los están llevando a considerar la separación, pero que también están intentando resolver los problemas.*

Por ejemplo:

> *Hijo, como te hemos hecho saber en otras ocasiones, papá (o mamá) y yo hemos tenido algunos problemas, pero es importante que sepas que estamos haciendo nuestro mejor esfuerzo para resolverlos y continuar juntos.*

De esta manera se estará reforzando un mensaje que a la larga se convierte en un aprendizaje de vida. Sus padres les estarán transmitiendo a sus hijos una lección de perseverancia, de motivación, del esfuerzo que se imprime para conseguir lo que se desea. Sería incongruente pedirle a un hijo que se esmerara en cualquier aspecto cuando nunca ha visto actuar de esa manera a sus padres. Tranquilamente podrían decir: "¿Por qué me exiges que me esfuerce si tú no hiciste nada para que mi papá (o mamá) no se fuera de casa?".

Más adelante profundizaremos en este tema, ya que es muy común que cuando los hijos se enteran de que sus papás están en proceso de separación, ellos mismos hagan propuestas de reconciliación.

Tercera etapa. Es probable la separación

En esta etapa se pretende que los hijos tengan claridad de que es muy posible que los conflictos entre sus padres no se puedan arreglar si continúan juntos como pareja, y que la única solución es la separación.

Los padres deben comunicar a sus hijos que han intentado diversas formas para resolver sus problemas y tratar de continuar con la relación de manera amorosa; pero no han encontrado una solución, por lo que ahora están considerando algunas alternativas viables para dejar de vivir juntos.

Es recomendable anticipar a los hijos el posible panorama de la separación, es decir, exponerles las opciones que pueden presentarse.

La tercera etapa tiene como objetivo que los hijos estén enterados de que, a pesar de que sus padres han intentado rescatar la relación, no funcionan sus esfuerzos por salvar su matrimonio y probablemente la separación sea la solución más conveniente para todos.

Por ejemplo:

Tu papá (o mamá) va a mudarse a casa de tus abuelos [a un departamento, con un amigo(a)] por unos días porque necesitamos probar si la separación es una solución para nuestros problemas.

Tu papá (o mamá) y yo ya no dormimos en la misma habitación porque estamos considerando separarnos.

Es muy probable que tu papá (o mamá) y yo únicamente podamos resolver nuestros problemas si nos separamos.

¿Recuerdas que te he platicado que las cosas con tu papá (o mamá) no estaban bien? A pesar de que hemos tratado de resolver nuestras diferencias continuamos mal. Tal vez terminemos separándonos.

¡Ay, amor! Tu papá (o mamá) y yo ya estamos cansados de todos los problemas que hemos tenido y de vivir permanentemente enojados. Hemos pensado que lo mejor para la familia sería que nos separáramos.

Recordemos que el planteamiento a seguir es mandar diferentes mensajes ocasionales que pongan en alerta a los hijos, pero también que funcionen como un antecedente. No se trata de proporcionar toda la información en un sólo momento y con un único mensaje. Es posible tomar como referencia algunos de los ejemplos que hemos compartido o adaptarlos a la situación de cada persona, deberán ser repetidos y corresponder a cada etapa de la separación. Es probable que un sólo mensaje no sea suficiente para que los hijos tengan disposición y puedan comprender lo que sucede; es mejor que sean unos cuantos en diferentes momentos, ya sea dos o tres en un día, o varios durante una semana hasta que se pase a la siguiente etapa.

Cuarta etapa. La separación

En esta etapa, los padres comunican a sus hijos que han decidido separarse. Desde luego, si esta información se da de golpe y sin ningún antecedente, podría llegar a ser muy impactante y traumatizante, así como difícil de comprender y de aceptar. No obstante, la misma información se recibe y asimila de manera muy diferente cuando existe un trabajo previo para ir preparando el momento, enviando mensajes correspondientes a las tres etapas anteriores.

En esta etapa, es fundamental buscar la manera, en cuanto a tiempos y formas, para que la separación cause el menor daño posible a los hijos.

Cuando los padres se encuentran en esta etapa, una pregunta muy común es: "¿Cuál es la manera más conveniente para que papá o mamá salga de casa?" Sugiero que, ya sea papá o mamá quien se va a mudar, eviten hacerlo cuando sus hijos estén presentes, porque puede ser algo muy fuerte y doloroso para ellos. Es mucho más recomendable programar la salida para un momento en que los hijos no estén en casa, ya sea aprovechando las horas que pasan en la escuela o un fin de semana en que tengan actividades que los mantenga lejos de casa.

deben buscar las formas correctas para concretar el proceso. Es muy delicado el momento en que uno de los padres debe salir de casa para mudarse a otro lugar, por lo que se debe evitar que los hijos estén en casa al momento de la partida.

El propósito siempre debe ser evitar lastimarlos con acciones que puedan ser desgarradoras o traumáticas. Si, por ejemplo, el papá saca sus pertenencias de casa mientras su hijo está en la escuela, entonces ese día sería conveniente procurar pasar a recogerlo, y en el camino explicarle que ya se mudó, para ahorrarle la sorpresa de que sus cosas ya no están y así enterarse de que él ya no vivirá ahí. Siempre teniendo en cuenta que al llegar a esta etapa, los hijos ya deben tener diversos antecedentes de la separación.

Lo ideal es que los hijos estén enterados de dónde vivirá mamá o papá ahora que no esté más en casa. Para los niños puede ser muy inquietante no saber en qué condiciones ni en qué lugar vive el padre que se fue. Es hasta recomendable, aunque no necesario, que los hijos participen en la elección del lugar al que se va a mudar, siempre y cuando se tenga mucho cuidado en que si se le va a pedir su opinión, ésta sea tomada en cuenta. Mientras más tranquilo haya sido el proceso de separación de los padres, las alternativas de un manejo adecuado y sano aumentan. Es decir, si los acuerdos entre los padres han sido fáciles, si se trabaja secuencialmente y de forma correcta, será muy probable que los hijos incluso se sientan emocionados ante las nuevas posibilidades, como el hecho de tener dos casas, estrenar recámara, pasar más tiempo con mamá o papá.

Cuando no es posible una salida programada y de pronto el hijo se encuentra con que uno de sus padres ya no vive en casa, es necesaria una explicación, exponiéndole con claridad y, desde luego, tranquilidad, la situación que provocó ese cambio tan repentino.

Revisemos un ejemplo:

Hijo, tratamos de que tú no te dieras cuenta de que tu papá (o mamá) y yo teníamos problemas, estábamos discutiendo mucho y no había acuerdos. Intentamos resolverlo, pero no lo logramos, y en el último pleito, que fue muy fuerte, tu papá (o mamá) decidió irse de la casa (o decidimos que lo mejor es que se fuera de la casa), por lo que de ahora en adelante ya no vivirá con nosotros.

En caso de que exista afectación emocional en el papá o la mamá que debe compartir esta información con el hijo, es recomendable verbalizarlo desde esa afectación, para que el niño entienda y haga sus primeros acomodos mentales.

Tu papá (o mamá) decidió irse de casa, no era algo que yo deseara, de hecho le pedí que no se fuera, pero no puede convencerlo(a). Eso me hace sentir muy triste. Ahora que ya no está aquí veremos cómo se van dando las cosas, pero te aseguro que de cualquier manera, todos estaremos bien.

Quinta etapa. Se considera el divorcio o se inician los trámites

En este apartado prácticamente aplica lo mismo que en la tercera etapa, en donde se plantea la posibilidad de una separación, aunque ahora se habla específicamente sobre el tema del divorcio. Hablar de una separación no causa el mismo impacto que enterarse de un divorcio, porque con la separación puede quedar abierta la esperanza de una reconciliación, en cambio, un divorcio se ve como algo más definitivo y concreto. Es por esto que no se sugiere hablar de divorcio hasta que los padres hayan pasado un periodo previo de separación, incluso aunque sea una decisión definitiva.

> Es muy fuerte el impacto que causa en los hijos saber que es probable que sus padres se divorcien. Por ello, se sugiere mencionarlo hasta que hayan pasado por un periodo previo de separación.

Por ejemplo:

Hijo, tu mamá (o papá) y yo tenemos tiempo de no vivir juntos, e incluso ella (o él) ya está saliendo con otra persona (o yo ya tengo otra pareja). Bueno, pues la manera de terminar esto de la forma correcta es tramitando el divorcio.

Mañana me tengo que levantar más temprano para ir a ver al abogado, él me va a asesorar sobre la forma adecuada de

tramitar el divorcio, pues es necesario concluir bien las cosas
y cerrar círculos con tu mamá (o papá).

Sexta etapa. Se concreta el divorcio

Al igual que en el caso de la separación, cuando a los hijos se les informa que papá o mamá ya no vivirán juntos y que alguno de los dos se irá de casa, esta etapa aplica exactamente de la misma manera. Con anterioridad se les plantea que están pensando en divorciarse, para posteriormente mencionar que los trámites se están llevando a cabo, hasta concluir con el divorcio. Es probable que en esta etapa se genere un estado de desconcierto en los hijos y quizá dejen entrever algún tipo de afectación emocional; seguramente guardaban aunque fuera una mínima esperanza de que las cosas entre sus padres pudieran arreglarse, y en esta etapa pierden definitivamente cualquier ilusión al respecto. Por ello es recomendable ubicarlos en la realidad de la separación definitiva. Por supuesto que esto se suaviza considerablemente si en el tiempo en que los padres han estado separados mantuvieron una buena relación. Si los hijos perciben una relación cordial y amable entre ellos, tendrán la certeza de que después del divorcio continuarán con esa dinámica.

Hijo, siempre te hablamos con la verdad y quiero decirte que
pronto se concluirá el trámite del divorcio.
Hoy en la mañana tu mamá (o papá) y yo vimos al abogado
en los juzgados y ya firmamos nuestro divorcio, por lo que ya
es definitivo el rompimiento.

> *El divorcio puede generar un estado de afectación en los hijos, porque seguramente guardaban alguna esperanza de reconciliación. En esta etapa es muy importante ubicarlos y expresarles que la separación definitiva es una realidad.*

Si las cosas no se han dado en un clima natural y tranquilo, es de esperarse que se presente el conflicto, no sólo en esta etapa, sino también en las anteriores.

Hay que estar conscientes de que en cualquiera de las etapas y de los abordajes, los hijos podrán responder de manera desproporcionada, inquietante, con enojo, ansiedad, llanto y hasta con cierto drama, lo cual puede considerarse normal. No obstante, los padres deben convencerse de que, de ser así, al ver estas reacciones en sus hijos, más necesario se hará echar a andar los mecanismos sugeridos.

Quizá sean indicadores de que la ansiedad ya se apoderó de los hijos o de que no se ha manejado la información y los mensajes de manera correcta y oportuna. Lo que es una realidad es que las reacciones de los hijos a su vez generarán reacciones en sus padres, quienes tendrán que ser muy cuidadosos para controlarlas y manejarlas adecuadamente. Todas las respuestas negativas y no deseables requerirán de mucha calma y fuerza por parte de los padres para contenerlas.

Es importante que los hijos sepan que cuentan con el apoyo y comprensión de sus padres, que tengan la certeza de que lo que les causa un daño a ellos, también afecta a mamá y a papá. Resulta esencial que los hijos sientan que sus padres serán un gran soporte para enfrentar, junto con ellos, momentos buenos y malos.

3. CÓMO HABLAR CON LOS HIJOS ACERCA DE LA SEPARACIÓN

Nunca es más importante lo que
se dice sino cómo se dice

He tenido la oportunidad de recibir en mi consultorio a muchos padres de familia que al haber tomado la decisión de separarse, tienen la inquietud de saber cómo deben comunicarlo a sus hijos, preocupados por lo que la noticia pueda afectarlos. Siempre comienzo informándoles que no es tan importante lo que les van a decir, sino cómo se los van a decir.

En un sorprendente estudio, el doctor Albert Mehrabian encontró que se transmite más información a través de la comunicación no verbal que con el uso del lenguaje verbal. Así se descubrió que la palabra hablada contiene sólo un siete por ciento del significado en la comunicación, que el tono de voz (la entonación y la pronunciación) se encarga de un treinta y ocho por ciento y la comunicación no verbal (postura y expresión facial) nada menos que un cincuenta y cinco por ciento.

Esto quiere decir que se transmite más información a través del lenguaje del cuerpo que con el lenguaje hablado. Por ello, es más importante cuidar la forma en que se comunica un mensaje que el contenido.

Los niños poseen un radar muy sensible y especializado que capta hasta la más sutil de las emociones a través de tonos de voz, de la comunicación no verbal y de las cargas emocionales. Por esto resulta muy difícil engañar a un niño, aunque se trate de ocultar o de modificar la verdad, él logra percibir las emociones que hay detrás de un mensaje. Hasta los nueve años de edad, aproximadamente, los niños no cuentan con la madurez mental suficiente para hacer una interpretación adecuada del mensaje, que les permita una traducción precisa del significado de la información que reciben a través de la comunicación no verbal. Por consiguiente, el resultado de esta falta de claridad e incongruencia en la información es la ansiedad.

> Los niños son capaces de captar hasta la más sutil de las emociones: tonos de voz, comunicación no verbal y cargas emocionales.

La afectación de los hijos

Para los hijos es muy difícil aceptar y comprender el hecho de que sus padres se separen. Para un niño, mamá y papá representan las columnas que sostienen su seguridad y le dan estabilidad a su vida. Como es natural, para que esto se logre es fundamental tener la firmeza de los dos pilares, y cuando uno de ellos llega a faltar, y no se hacen los acomodos necesarios, es posible que la estructura del niño se desestabilice y se ocasione un desequilibrio emocional, mental o físico que se expresa a través de sentimientos, conductas y actitudes negativas, y hasta con enfermedades.

No obstante, la afectación en los hijos causada por la separación de sus padres (que casi podríamos decir que es normal), a veces es mínima comparada con el daño que se provoca con un mal manejo de la separación. Es decir, la ansiedad en los niños ocasionada por el descuido de la forma en que se lleva a cabo la desvinculación de la pareja y la desarticulación de la familia, es más grave que la separación o el divorcio en sí.

> Un mal manejo de la separación puede causar más daño a los hijos que la separación y el divorcio en sí.

Un niño, al enterarse de la separación de sus padres, seguramente se verá afectado; es muy probable que pronto empiece a hacer sus acomodos mentales y poco a poco asimile la información. Pero, ¿qué pasa cuando se encuentra en este proceso y los padres comienzan una guerra entre ellos, en un campo de batalla en donde su hijo está en medio? Por ejemplo, supongamos que después de la separación, una tarde en casa, mamá está muy contenta y tranquila ayudando a su hijo a hacer la tarea, cuando de pronto suena el teléfono, ella contesta, de inmediato su semblante se transforma, su tono de voz se vuelve frío y áspero, y después de unas pocas palabras le avienta el teléfono a su hijo mientras le dice: "Te habla tu padre".

Con esta actitud, la mamá no necesitará decirle a su hijo que está enojada, que tiene problemas con su esposo o exesposo. Sus acciones hablan por sí solas. Y, como es obvio, esto genera altos niveles de angustia y de ansiedad en el hijo. O, por ejemplo, el niño está esperando que su papá vaya a recogerlo a casa para pasar el fin de semana con él, y el sólo hecho de saber que cuando llegue su papá existe la posibilidad de que se tope con mamá, y que este encuentro desencadene discusiones, indiferencia o agresión, le ocasiona una enorme tensión que no sabe cómo manejar.

Prácticamente podría asegurar que el noventa y cinco por ciento de los padres preocupados por no afectar a sus hijos con su separación y que muestran interés por conocer la mejor forma de lograrlo, se olvidan de su propósito en cuando entra en juego el enojo, resentimientos, conflictos, asuntos legales, celos, etcétera, y hacen exactamente todo lo contrario a lo que es recomendable. Entonces causan un daño más grande en sus hijos.

Cuando, ante todo, los padres se esmeran por no afectar a sus hijos con su separación, lo pueden conseguir y existen muchos casos reales que lo comprueban. Y no se trata de familias ni de niños especiales, sino de saber y querer hacer las cosas bien.

El grave problema es que muchas veces la intención de no querer dañar a los hijos es sólo de dientes para afuera, porque pasa a segundo plano cuando se trata de tomar acciones que involucran ciertos intereses. Si los padres verdaderamente tuvieran el compromiso de no perjudicar a sus hijos, jamás se rehusarían, por ejemplo, a dar una pensión económica, omitirían los comentarios despectivos hacia su expareja, evitarían andar lamentándose y sollozando por todos los rincones de la casa, no impedirían que los hijos pudieran ver a su padre o a su madre, ni tampoco habría agresiones, gritos, pleitos ni groserías. Al contrario, procurarían sobre todas las cosas el bienestar de sus hijos.

> *Los padres que en verdad desean no afectar a sus hijos con la separación o divorcio, procuran su bienestar por todos los medios posibles, incluso, actúan en contra de sus propios intereses.*

Cuando no se quiere afectar a los hijos, se hace todo lo necesario para que así sea. Y, precisamente, es el objetivo central de esta guía para padres en proceso de divorcio.

Cómo tratar con los hijos el tema de la separación

Existen tres conceptos que juegan un papel muy importante en el momento de "tratar" el tema de la separación con los hijos y que, al llevarlos a la práctica, simplifican la comunicación y dan resultados muy favorables en la actitud de los hijos. Estos son: sinceridad, tranquilidad y espontaneidad.

> Hay tres conceptos que son fundamentales para tratar adecuadamente el tema de la separación con los hijos: sinceridad, tranquilidad y espontaneidad.

Sinceridad

La primera recomendación fundamental para hablar con los hijos sobre la separación, es tratar el tema con absoluta sinceridad, con sencillez, sin necesidad de formalidades.

Esto tiene dos sustentos: primero porque es la manera en que cotidianamente hablamos con nuestros hijos, no acostumbramos mentirles, les decimos la verdad de lo que ocurre. Con sinceridad y naturalidad se transmiten habitualmente los mensajes. Y, segundo, porque se le habla a un niño de esta manera, y se espera que también tome de manera natural lo que se le está diciendo. No deseamos ocultarle cosas y sorprenderlo, tampoco comentarle detalles que no vienen al caso en este momento. La relación de papá y mamá está a punto de terminar y el niño debe saber que sus padres hicieron todo por rescatar ese vínculo tan especial para él.

De esta manera, estamos estimulando una respuesta natural en el hijo, sin que tenga necesidad de ser traumática o negativa.

No se requiere representar una escena de telenovela, que casi siempre son muy dramáticas, para hablar con los hijos sobre la separación de sus padres. Imaginemos una escena de este tipo: una niña está jugando con sus muñecas en su habitación, de pronto entra papá y le dice que vaya a la sala porque su mamá y él necesitan haberle sobre un tema muy serio e importante. Una vez en la sala, la niña está sentada en un sillón y de pie, enfrente de ella, están papá y mamá. Papá tiene la cara desencajada y se muestra enojado con mamá. Mamá llora, el cuerpo le tiembla y le cuesta trabajo mantenerse parada. La niña está muy asustada, intuye que lo que le van a decir será algo terrible, y tiene razón. De pronto escucha a papá que le dice que él y su madre se van a divorciar, porque la vida juntos ya no es posible, que próximamente él se mudará a otra casa y que a partir de entonces ella vivirá sola con su mamá (a quien, por cierto, está viendo indefensa y destrozada). No hay duda de que esta escena sería algo traumático para la niña, con la garantía de que su recuerdo le quedará grabado por el resto de su vida.

Hoy tengo adultos en consulta intentando borrar de su mente el recuerdo del momento en que se enteraron de la separación de sus padres, porque esa escena sigue ocasionando un dolor tremendo y tiene como consecuencia traumas, temores e inseguridades.

Quizá pueda sonar absurdo, pero se trata de hablar con la misma sinceridad y naturalidad con la que se hablaría sobre el clima o las actividades a realizar el fin de semana. Conforme vayamos avanzando en la lectura será más fácil comprender la importancia de hacerlo de esta manera.

Recordemos que hablar de manera natural, sincera y de la forma en que se hace ordinariamente con los hijos, implica que el mensaje que se transmite será tomado de igual manera.

No tenemos que ocultarle cosas a nuestros hijos y ellos tampoco a nosotros.

Tranquilidad

Recordemos que las cargas emocionales y el lenguaje no verbal juegan el papel más importante, más que la información en sí misma. Cuando se transmite un mensaje con tranquilidad se genera un estado de serenidad. De esta manera ya estamos promoviendo efectos positivos y deseables en el niño. También contribuye a aportar uno de los elementos más importantes en todo el proceso que se vivirá y que deberá estar presente como una gran necesidad de los hijos: la certeza.

Para que los padres estén en posibilidades de hablar sobre su separación con sus hijos de una manera natural y tranquila, primero será necesario que tanto papá como mamá se encuentren en un estado emocional calmado y estable, porque de lo contrario, las cargas emocionales negativas serían contrarias al propósito de evitar afectar a los hijos. Incluso, en diversas ocasiones, se requiere de un elemento adicional al proceso directo con los niños: el trabajo previo en uno mismo. Esto parte de un hecho muy sencillo de entender: no puedes transmitir tranquilidad si tú no estás tranquilo. Para ello, antes de involucrar a los hijos en la separación, es recomendable que los padres recurran a una terapia de pareja o individual, dado que a través de ese trabajo en uno mismo se logra asimilar, comprender y aceptar la situación. Es común que cuando los padres se acercan a pedir ayuda para orientarse en la manera adecuada para abordar estos temas con los hijos, sean a ellos a los que de primera instancia se les sugiera una terapia o tratamiento.

Es imposible que una mamá alterada, ofendida, enojada, resentida y triste, pretenda platicar con su hijo con sinceridad y tranquilidad sobre su divorcio. O de igual manera, un papá que está completamente dolido, humillado y desesperado porque su esposa le fue infiel y está por abandonarlo para vivir con su nueva pareja, difícilmente podrá estar sereno y mantener la ecuanimidad al hablar con sus hijos.

> Cuando un niño recibe un mensaje que se le comunica con sinceridad y tranquilidad, así contenga información que pueda ser difícil de aceptar y comprender, es altamente probable que lo asimile y reaccione de la misma manera en que se transmite.

Si verdaderamente deseas manejar la separación de una forma acertada para afectar lo menos posible a tus hijos, es fundamental que hables con la mayor tranquilidad posible. Uno de los mejores regalos que puedes darle a tus hijos y que contribuirá de manera directa en su bienestar, es dejarle entrever que tú estás bien.

Espontaneidad

El tercer elemento que entra en juego para tratar correctamente el tema de la separación es que se haga de manera espontánea. Esto se refiere a que se aproveche cualquier momento, lugar y situación para hablar con los hijos. Si es de manera informal: mejor.

Como decíamos, se trata de evitar escenas dramáticas en las que el niño termine llorando después de recibir la noticia, traumado por el rompimiento de su familia y con heridas que tendrán consecuencias para el resto de su vida.

Veamos algunos ejemplos de cómo comunicar a un hijo la separación de los padres que tengan estas tres características: sinceridad, tranquilidad y espontaneidad. El propósito de estos primeros ejemplos es, por un lado, que los padres puedan darse una idea de algunas posibilidades de manejar este asunto y, por el otro, preparar al niño suavemente para que, cuando reciba la noticia de la separación, ya no sea algo que lo sorprenda gravemente. Aclaro, estos son ejemplos de la forma en la que se les puede ir sembrando un pensamiento acerca de la posibilidad de la separación de sus padres, sólo es el comienzo, por sí solos estos mensajes no son suficientes, como lo veremos más adelante.

Pregunta mamá mientras está lavando los platos:

—Hijo, ¿cómo nos ves a tu papi y a mí?
—Bien, mami, ¿por qué?
—Ay, amor, se me hace que no te has fijado muy bien, porque tu papá y yo no estamos tan contentos como siempre.

Y continúa lavando los platos. En este caso, sólo dice eso. Nada más. Ya no se dice más en ese momento. Así, se estará dando un antecedente al niño, para que vaya digiriendo la información.

Otro ejemplo, mientras papá va conduciendo el auto, le dice a su hijo:

Fíjate que por más intentos que hacemos tu mamá y yo de estar bien juntos, no lo hemos logrado. Creo que eso es lo que nos hace pelear todo el tiempo.

Y después habla de otra cosa o cambia la estación de radio. Un ejemplo más:

—Hijo, ¿tú sabes que los papás de fulanito están divorciados, verdad?
—Sí, mami.
—Muchos papás deciden divorciarse cuando entre ellos hay demasiados problemas y saben que estando separados pueden estar más felices... y eso nos puede suceder a todos los papás.

El niño debe ir recibiendo la información poco a poco. Más adelante veremos cómo la mente del niño requiere de tiempo para ir haciendo sus propios acomodos y estar en condiciones de comprender algo. Este tipo de mensajes, transmitidos con sinceridad, tranquilidad y espontaneidad sobre la posibilidad de una separación o un divorcio, deben darse a cuenta gotas.

Ahora revisemos algunos ejemplos de cómo dar la noticia de que la separación de sus padres es inminente.

—Hijo, ¿sabes por qué ahora venimos tú y yo solos al cine?
—No, papi.
—Bueno, tu mamá no vino con nosotros porque, como ya te lo hemos estado diciendo, estamos preparándonos para vivir separados, y ahora será algo común que salgas sólo conmigo o sólo con tu mamá.

E inmediatamente después le pregunta si quiere palomitas y refresco, y se meten a la sala de cine.

Otro ejemplo puede ser a la hora de la cena:

> —Oye, chaparro, ¿te has fijado que tu papá y yo ya casi no
> nos hablamos?
> —Sí, mami.
> —Es porque las cosas entre nosotros no han ido nada bien y
> estamos pensando en ya no continuar juntos. ¿Quieres cenar
> algo más?

Un ejemplo más, mientras se planean las siguientes vacaciones:

> —Mami, ¿dónde iremos de vacaciones?
> —No lo sé, hijo, todo dependerá de lo que suceda entre tu
> papá y yo, pues como están las cosas, es probable que para
> ese momento ya no estemos juntos.

Para algunas personas puede resultar difícil aceptar que un tema tan serio y delicado, como es el divorcio de los padres, pueda ser tratado con el hijo de una manera tan informal y ligera, como si no fuera importante. Es fundamental aclarar que no es que no pase nada y que no sea un tema trascendental. Desde luego que tiene consecuencias, muchas veces graves, pero recordemos que lo que estamos buscando es afectar lo menos posible al hijo, y en la medida en que él vea y perciba a sus padres tranquilos y tomando con naturalidad la situación, la posibilidad de que lo asimile de la misma manera será más probable.

El niño debe digerir la información poco a poco

¿Con cuánta anticipación se debe comunicar a los hijos la separación de sus padres? Lo más conveniente es comenzar a enviar mensajes en ese sentido desde el momento en que ellos deciden separarse.

Cuando un niño recibe información que tiene una consecuencia determinante en su vida, mentalmente va haciendo sus propios acomodos y para ello requiere tiempo, más del que un adulto puede necesitar. Por ello, es importante darle espacio para que pueda ir comprendiendo la situación que se vive en su familia.

Tan sólo supongamos, a manera de ejemplo, que de pronto llega tu hermana o tu hermano, que tú suponías tenía un matrimonio más o menos feliz y estable, y te comenta que está iniciando su proceso de divorcio. O platicas con una amiga muy cercana, que de igual manera creías que mantenía una buena relación de pareja, y te cuenta que lleva meses sin tener intimidad con su esposo, que ya ni siquiera se dirigen la palabra y que el día anterior él se salió de su casa definitivamente. Recibir una noticia de este tipo sin ningún antecedente previo, la hace muy difícil de asimilar, incluso sin estar involucrado directamente en la situación. Ahora imagina la impresión tan fuerte que causaría en un niño enterarse de pronto que sus padres van a divorciarse y que esto afecta su presente y su futuro, y que además es determinante para su vida. Sin duda sería desastroso y traumático.

Esta recomendación es muy importante cuando la relación de los padres es tranquila y el hijo no ha podido percatarse de que existe un conflicto o distanciamiento entre ellos. En el caso contrario, cuando la relación entre los padres es conflictiva, agresiva y difícil, y el hijo tiene conciencia de ello, aunque no es una situación ideal, permite que pueda darse cuenta de que estos problemas pueden derivar en una separación.

Para que los niños asimilen la información, se les debe de suministrar poco a poco. Su mente funciona como un rompecabezas; para comprender algo es mejor que reciba pieza por pieza, y que vaya acomodando una por una en su lugar. Si se le da el cuadro completo le cuesta mucho trabajo entenderlo; lo mismo ocurre si se le dan todas las piezas al mismo tiempo.

> La mente de los niños funciona como un rompecabezas. Para comprender algo lo deben ir armando pieza por pieza. De esta manera, asimilarán mejor el mensaje que se les transmite.

¿A qué edad se debe hablar con el hijo de la separación de sus padres? Muchos padres piensan que si el niño es muy pequeño y todavía no habla, no hay necesidad de platicar con él sobre la separación. Sin embargo, incluso los bebés más pequeños perciben lo que sucede en su núcleo familiar. Aunque no puedan expresarlo con palabras, un bebé puede extrañar la presencia de papá o de mamá, así como sentir ansiedad por los conflictos y pleitos entre ellos.

De igual manera, aunque se trate de un bebé, los mensajes deben tener los tres elementos: sinceridad, tranquilidad y espontaneidad.

Por ejemplo, mientras la mamá está bañando a su bebé de seis meses de edad, le puede decir:

Ahora que tu papi ya no viva en casa, tú y nosotros vamos a seguir estando muy bien.

Y luego le canta una canción mientras termina de bañarlo.

De esta manera, el bebé puede ir percibiendo que algo va a pasar, pero que independientemente de eso, él estará bien, al igual que sus padres.

Cuando hay más de un hijo, ¿cómo hablar con ellos?

¿Cómo aplica todo lo que hemos venido compartiendo cuando se trata de hablar sobre la separación con varios hijos? Es una de las preguntas más frecuentes de los padres de familia, sobre todo cuando existe mucha diferencia de edad entre los hijos.

Desde luego, para los padres no será lo mismo tratar el tema de la separación con un hijo de dos años de edad, que con uno de siete o de catorce años. Habrá mucha diferencia en cuanto al modo de comunicar el mensaje, el lenguaje y el contenido de la versión, de acuerdo con la edad del hijo.

Cuando la diferencia de edades entre los hijos es mínima, hablar con cada uno de ellos de manera individual o hacerlo conjuntamente será una decisión que deberán tomar los padres de acuerdo con el conocimiento que tengan del carácter y personalidad de cada uno de sus hijos. Es probable que uno sea más abierto, seguro e independiente, mientras que otro sea más introvertido, temeroso, aprensivo y dependiente. Con toda seguridad manifestarán una reacción completamente diferente ante la separación de sus padres.

Las ventajas de hablar sobre la separación con los hijos, ya sea en conjunto o de manera individual, son las siguientes:

> 1) *Hablar con los hijos al mismo tiempo: en este caso, la respuesta que tenga uno de los hijos, ya sea positiva o negativa, predispondrá a los hermanos. Es recomendable hablarles al mismo tiempo cuando uno de los hijos es más fuerte emocionalmente que los demás, y si se considera que puede influenciar de manera favorable en la reacción de los hermanos.*
>
> 2) *Hablar de manera individual con cada uno de los hijos: permite darle atención especial a cada hijo de acuerdo con sus circunstancias, lo cual es favorable para valorar el tipo de respuesta que tendrá; si es pertinente ampliar la información, darle mayor apoyo emocional y, sobre todo, identificar si se generan niveles de ansiedad.*

En ambos casos, el enfoque es exactamente el mismo; es decir, desde la sinceridad, la tranquilidad y la espontaneidad.

Cuando se decide informar de manera conjunta, un ejemplo sería hacerlo durante la cena, cuando los hermanos están reunidos, y preguntarles: "Han notado que papá (o mamá) y yo ya no pasamos tanto tiempo juntos? ¿A qué creen que se deba?". Así, cada uno de ellos aportará su opinión y esto servirá para que se comiencen a enterar de lo que está pasando, sin que haya necesidad de decírselos directamente y poder orientarlos de acuerdo con lo que piensan.

Otra duda que es muy común en los padres, es si es conveniente que hablen juntos (papá y mamá) con los hijos o si es mejor que cada uno de ellos lo haga por su lado. En realidad, esto es indistinto. La única recomendación es que en caso de que los padres tengan conflictos y pésima relación entre ellos, es mejor hacerlo por separado para evitar confrontaciones y que esto sea una causa adicional de ansiedad en los hijos.

¿Cómo transmitir el mensaje si los padres están afectados emocionalmente?

Antes de comunicarles a los hijos la separación o el divorcio, lo ideal es que exista un trabajo previo para asimilar, comprender y aceptar la situación, y así tener una actitud ecuánime. Esto quiere decir: estar y sentirse bien como preámbulo de lo que significará hablar con los hijos. Sin embargo, como es natural, muchas veces no es fácil o es prácticamente imposible. Lo que sí es viable, es que incluso desde su propia afectación, los padres puedan transmitir un mensaje que tenga las características de sinceridad, tranquilidad y espontaneidad.

Lo explico a continuación:

Tratar de engañar a los hijos, salirse por la tangente con información falsa y querer ocultar la realidad, se consideran graves errores que pueden tener consecuencias muy poco deseables. Por ejemplo, mamá ha estado llorando y el hijo se da cuenta de ello, y cuando le pregunta qué le pasa, ella le contesta: "Es que me sudan los ojos", "Me puse triste por el niño que vimos en la calle", "Es que la película me hizo llorar", "Es que me acordé de algo que me pasó", etcétera. Para lograr la menor afectación en los hijos, siempre es mejor hablar con la verdad, entendiendo que no es necesario entrar en detalles. Una mejor respuesta sería: "Estoy triste porque las cosas con tu papá no están nada bien". De esta manera el mensaje sería natural, desde un estado de ánimo tranquilo, aunque el niño se dé cuenta de que hay tristeza, y sería más espontáneo. Al recibir un mensaje de este tipo, el niño pensará: "Ahora comprendo", porque le da sentido a lo que está viendo y viviendo. Entenderá por qué ha cambiado la dinámica familiar, por qué ha visto a sus padres tristes o enojados, por qué su papá ya no duerme en casa; se le facilitará comprender la realidad y le permitirá aligerar la ansiedad. Todo esto, como se ha dicho, desde sus propios acomodos y su forma de digerir la información.

> Tratar de engañar a los hijos puede tener consecuencias poco deseables. Siempre es mejor hablar con la verdad, sin que sea necesario entrar en detalles.

La ansiedad en los niños

La ansiedad en los niños desempeña un papel muy importante porque es causa y efecto de gran cantidad de problemas que afrontan en su vida cotidiana. Es necesario que los padres estén al pendiente de cualquier manifestación de ansiedad, ya que de ahí es posible identificar problemas previos, durante y, por supuesto, posteriores a la separación. Es por ello que, como he venido mencionando, muchas veces la verdadera afectación de los hijos no es el divorcio de los padres, sino la ansiedad que genera el mal manejo de la situación.

> La ansiedad es la manifestación más clara de que un hijo está teniendo dificultad para asimilar la separación de sus padres.

Existen cuatro generadores principales de ansiedad en los niños (no son los únicos, pero sí los más comunes):

Falta de certeza

A los niños les causa mucha ansiedad las situaciones confusas, todo aquello que no se logra comprender, los mensajes contradictorios, la incongruencia. Por ejemplo, los papás le dicen al niño que no está pasando nada, pero él ve a su mamá llorando todo el tiempo; le dicen que las cosas entre sus papás están bien, pero los escucha pelear constantemente o se da cuenta de la indiferencia con que se tratan.

Los cambios también son motivo de gran ansiedad. Todo aquello que es desconocido y novedoso genera ansiedad, porque hay incertidumbre en lo que va a pasar o en cómo va a resultar. Por ejemplo, cambio de casa, cambio de escuela, cambio de maestra, etcétera. Si cualquier tipo de cambio, por insignificante que sea, genera ansiedad, imaginemos lo que implica un cambio tan radical como sería la dinámica y estructura familiar. Peor aún es la dificultad de adaptarse a los cambios que pueden experimentar cuando se tienen que mudar, vivir con otras personas que no son sus padres, quizá hasta cambiar de ciudad, de colegio, de amigos; además probablemente tenga que ir a juzgados, audiencias, visitas supervisadas en centros que no conoce, etcétera. Este tipo de situaciones generan niveles extremos de ansiedad.

Cargas emocionales

Toda la energía emocional que emana de los padres en forma de enojo, coraje, tristeza, resentimiento, impotencia y un sinnúmero de emociones negativas, es captada por el radar emocional de los niños y, al no comprenderla, la traducen y asimilan como ansiedad. Aun cuando los padres supongan que se controlan, que se contienen y que aparentan estar bien, es difícil lograrlo. Estas cargas afectivas derivan en que los hijos perciben que algo no anda bien, y como no alcanzan a identificar exactamente de qué se trata, o si lo identifican es sobre una emoción negativa, automáticamente se traduce en ansiedad. Las cargas emocionales son muy intensas y fácilmente captadas por los hijos, convirtiéndose en uno de los mayores generadores de ansiedad.

Dificultad en el manejo de límites

Este punto es muy importante. Aunque aparentemente no está relacionado con el tema, el manejo de límites: entre los que se incluyen reglas, estructura, autoridad, acuerdos y responsabilidades, permiten que el niño pueda sentir solidez, estabilidad y seguridad en momentos difíciles.

Cuando los padres enfrentan una situación de separación o divorcio, es común que tiendan a sentirse culpables con los hijos o que traten de congraciarse con ellos, y muchas veces caen en un deficiente manejo de límites, consintiendo actividades, comportamientos y conductas que normalmente no son admitidas.

También es común la dificultad en la imposición de límites por un manejo polarizado, que se presenta cuando uno de los padres es muy rígido y exigente, lo que provoca que el otro padre tienda a flexibilizarse más en un intento por equilibrar las fuerzas. Cuando el padre que es más rígido se da cuenta de que la otra parte es más condescendiente, muestra más dureza, y literalmente se vuelven polos opuestos. Esta polarización es común inclusive cuando la pareja tiene una buena relación; sin embargo, cuando existen problemas entre los padres, es más marcada, y el tema de manejo de límites se vuelve una gran dificultad.

> *El manejo de límites permite que el niño pueda sentir solidez, estabilidad y seguridad en momentos en que se siente vulnerable.*

Un niño debe tener límites, independientemente de que sus padres estén juntos o divorciados. No se puede permitir que el niño sea grosero, que le falte el respeto a sus maestros, que se vuelva berrinchudo y caprichoso nada más porque sus padres se están separando. En todo caso, es el momento en que más necesitan límites de una autoridad firme que los guíe y que les haga sentir que todo estará bien. Esto es a lo que se le suele llamar contención, que no es otra cosa que una demarcación entre lo que se permite, lo que no se permite y hasta dónde se permite.

Recordemos que los niños carecen de un sistema de autocontrol, y es a través del control externo que poco a poco van logrando su propio dominio y restricción. Si a un niño que acaba de terminar de comer se le ofrece un dulce, aunque no tenga hambre, se lo come y querrá más; si se le deja correr, va a correr sin parar y no se va a fijar si vienen coches al cruzar la calle; si se le consiente hacer berrinches, no va a dejar de hacerlos.

> Debido a que los niños carecen de sistemas autorregulatorios, las emociones negativas, como ansiedad, llanto, tristeza, berrinches, enojo, sentimentalismo y debilidad, entre otras, fácilmente se pueden desbordar si no se contienen.

Evidentemente, los límites con los hijos juegan un papel de gran importancia en el manejo de la contención. Esto a su vez permitirá que poco a poco puedan autocontrolarse y que adicionalmente cuenten con más recursos para funcionar de forma adecuada hacia el exterior de la familia.

> La finalidad de los padres es preparar a los hijos para la vida. Esto significa que deben comportarse en el interior de la familia lo más parecido a la forma en que funciona la vida, fuera del hogar, para que logren adaptarse e integrarse correctamente en la sociedad.

La fantasía

La fantasía es favorable cuando el niño imagina cosas positivas, como el logro de metas, alcanzar triunfos, ser como sus ídolos, tener ciertos talentos. Por ejemplo, fantasear con ir al espacio, ser futbolista profesional, convertirse en una famosa bailarina, sacar las mejores calificaciones y ser reconocido por ello, etcétera. Pero esta fantasía también puede ser negativa, y aquí es cuando se convierte en un gran generador de ansiedad. La fantasía negativa resulta cuando imaginan situaciones que les causan terror, como desgracias, accidentes, desastres... Hay niños que fantasean con desastres naturales, que los secuestran, que se extravían, que su casa se incendia, que participan en una guerra, etcétera, y realmente sufren por ello.

Con respecto a la separación o al divorcio de los padres, el niño suele tener fantasías positivas cuando piensa que todos van a estar bien, que ya no habrá pelitos en casa, que sus padres encontrarán una mejor pareja; sin embargo, esto no es lo más común.

> *Durante el proceso de separación prevalecen las fantasías negativas, tales como convertirse en el centro de burlas en la escuela, que no volverá a ver a su papá o a su mamá, que sus padres lo dejarán de amar, que lo abandonarán, que será huérfano, que nunca volverá a ver felices a sus padres, que su vida será una desgracia, que no tendrá hogar, y, ciertamente, esto ocasiona altos niveles de ansiedad.*

La manera más efectiva de anular las fantasías negativas es aplicando el juicio de realidad, es decir, explicando claramente cómo será el posible escenario a partir de la separación para que el niño no divague; sin embargo, es muy importante evitar mentir y hacer falsas promesas.

El juicio de realidad es siempre importante, es lo que vulgarmente se conoce como "dosis de *ubicatex*", es decir, posturas que sitúen a los niños en su realidad.

Indicadores de ansiedad

En primer lugar, es fundamental identificar si el niño está experimentando ansiedad, no sólo durante el proceso de separación de los padres, sino incluso previo a esta etapa. Es muy común que los padres crean que la ansiedad de su hijo es ocasionada exclusivamente por el tema de la separación, cuando esto no siempre es verdad; al explorar un poco se podrá encontrar que el niño lleva más tiempo sintiendo altos niveles de ansiedad. Entonces significa que la ansiedad no es culpa de la separación. Es por esto que resulta sumamente necesario identificar los indicadores de ansiedad, así como su momento de aparición.

En segundo lugar, se debe observar si el niño comienza a sentir ansiedad una vez que se comparte con él el tema de la separación y se identifica que antes no existían esos síntomas. Esto podría ser un claro indicador de que probablemente se requiere más comunicación, con mensajes que tengan las características que ya mencionamos (sinceridad, tranquilidad y espontaneidad); o si es necesario buscar la ayuda profesional de un especialista, si requiere que se aclare con más precisión la situación para que pueda tener más certeza, si las cargas emocionales de los padres están siendo perjudiciales, si hace falta poner límites o si el niño está fantaseando de manera negativa.

Cuando hay indicios de ansiedad, habrá que hacer un alto en el camino y evaluar lo que no está funcionando. Para ello, será importante que los padres aprendan a identificar los síntomas de ansiedad.

Existen cinco indicadores fundamentales de que un niño está padeciendo ansiedad:

Falta de control en sus impulsos

Los niños muy impulsivos, que se dejan llevar por sus emociones o arrebatos, que tienen poca contención, son niños que viven altos niveles de ansiedad. Lo demuestran con berrinches, caprichos, agresiones, groserías, llanto, enojo, así como a través de no respetar turnos, de ser desobedientes, atropellados, etcétera. Todos son síntomas de ansiedad.

Inquietud

Los niños que son muy inquietos, que tienen exceso de energía, algunas veces erróneamente clasificados como hiperactivos (digo erróneamente porque la hiperactividad es un término que no se debe utilizar a menos que sea diagnosticado médicamente; es una condición neurológica que si no se identifica como tal, entonces no se puede hablar de un niño hiperactivo, sino de un niño inquieto), se mueven todo el tiempo, no paran. Niños que pareciera que tienen un motor interno y hasta dan ganas de buscarles el botón para apagarlos: no se cansan y siempre tienen energía. Esto también es un síntoma de ansiedad.

Las enfermedades "itis"

Son enfermedades tradicionalmente relacionadas con las emociones, y se manifiestan a través de padecimientos como gastritis, colitis, dermatitis, retinitis, conjuntivitis, laringitis, faringitis, etcétera. Se trata de una respuesta inespecífica frente a las agresiones del medio, generada por agentes inflamatorios y por enfermedades oportunistas. Un niño que no está emocionalmente estable, tiene una baja de defensas que lo hace vulnerable a estas enfermedades. Un niño con ansiedad puede volverse enfermizo. No es extraño encontrar niños que se enferman recurrentemente sin causa aparente. Pueden ser síntomas de ansiedad.

Manías o mañas

Se trata de una preocupación permanente, conductas obsesivas o costumbres extrañas, caprichosas o poco adecuadas. Por ejemplo, comerse las uñas, jalarse el pelo, agarrarse la oreja, morderse los labios, chuparse el dedo, el chupón. De igual manera, apegos a ciertos objetos, como la cobija, el peluche, el cojincito, etcétera. Otro tipo de manía es la que tienen algunos niños al poner orden o acomodar las cosas, ya sea por tamaño, color o forma. Niños que ya dominaban el control de sus esfínteres y de pronto requieren volver a usar pañal, o que se presente con frecuencia la masturbación infantil. Cualquier tipo de comportamiento extraño, que llame la atención, que no sea común o deseable, pueden ser manifestaciones de ansiedad.

Miedos e inseguridades

Sensación de una constante angustia y estado de alerta por la presencia de peligros que generalmente son imaginarios. Incertidumbre e inestabilidad. Es típico el miedo a la oscuridad, a los fantasmas, a los monstruos. Otro tipo de miedo es a estar solo, al abandono, a que los padres salgan y no regresen, a quedar huérfano y desamparado. Ahora, gracias a los medios de comunicación, son comunes los miedos a los desastres naturales, como terremotos, inundaciones, tsunamis, huracanes. También puede existir el miedo a los animales o a los insectos. En este sentido, es importante considerar la edad: un niño de dos años que tiene miedo a que lo dejen solo o a la oscuridad puede ser algo natural, pero no lo es en un niño de nueve o diez años.

La inseguridad puede manifestarse como introversión, retraimiento, soledad o timidez.

> En una ocasión tuve oportunidad de tener a unos papás en consulta que estaban en proceso de separación y tenían bastante interés en no afectar a su hija de ocho años. Para identificar si la niña manifestaba algunas conductas que fueran síntomas de ansiedad, les hablé de estos cinco indicadores. Me quedé asombrado cuando ambos exclamaron: "¡Qué alivio, sólo tiene cuatro!"

La manifestación de un solo indicador es suficiente para saber o sospechar que el niño está sufriendo ansiedad. Cualquier señal, en la proporción que sea, es síntoma de ansiedad. Lo que quizá pueda resultar más difícil será determinar si la ansiedad es resultado de la separación de los padres o si es previa, y en este último caso, cuál es su causa.

Si de pronto se nota que el niño es muy impulsivo, hace berrinches, se ha vuelto enfermizo, está deprimido, con mucha energía, siente miedos infundados o adquiere manías está manifestando ansiedad. Sus reacciones pueden verse como llamadas de atención a los padres que les permiten tomar medidas en el asunto. Es probable que el niño perciba la situación conflictiva de la pareja mucho antes de que hayan pensado en separarse, y esto podría convertirse en un elemento determinante al momento de considerar las ventajas y desventajas de separarse o de continuar juntos.

La ansiedad de los hijos puede ser un claro ejemplo de una ventaja de separarse, por el daño que les puede ocasionar el hecho de que los padres vivan juntos con una dinámica negativa y perjudicial.

4. LA VERSIÓN SOBRE LA SEPARACIÓN

Ya comentamos la forma recomendable para comunicarles a los hijos el tema de la separación, y la importancia de que sea a través de un mensaje sincero, tranquilo y espontáneo. En este capítulo revisaremos una de las cuestiones que más preocupa a los padres: qué versión manejar sobre su separación.

Este tema es fundamental por diversas circunstancias. Los hijos deben conocer las razones generales por las que sus padres han acordado separase o se vieron obligados a hacerlo, porque es un hecho que forma parte de su propia historia, de su vida futura y están involucrados directamente con esa decisión. Se trata de un principio de respeto y un acto de responsabilidad y compromiso hacia los hijos porque es determinante para su tranquilidad en todos los sentidos. Saber qué pasa y recibir algún tipo de explicación es fundamental para definir e influir en la manera en la que enfrentarán una situación que puede llegar a ser muy complicada.

La versión que los padres den a sus hijos sobre su separación será fundamental en este proceso, será determinante para que los hijos se vean menos afectados.

Ambos dan la misma versión

Como es natural, cada persona tiene un modo particular de describir un mismo suceso. Cuando existe un problema, cada uno de los involucrados verá las cosas desde su propia perspectiva e intereses. Siempre existirá *tu* verdad, *mi* verdad y la verdad.

Por eso, en primer lugar, lo más deseable es que tanto mamá como papá tengan la misma versión sobre su separación. Esto implica que ambos lleguen a una resolución sobre qué van a decir a sus hijos antes de hablar con ellos. Este acuerdo no significa que de manera conjunta inventarán una historia o que obligadamente se dirá lo que convenga a uno u otro, quiere decir que ambos encontrarán un equilibrio entre la versión de uno y la versión del otro para poder transmitir un mensaje unificado.

> El hecho de que papá y mamá manejen la misma versión sobre la separación es lo ideal. Esto implica que ambos lleguen a un acuerdo previo sobre qué le van a decir a sus hijos.

Desde luego, esta versión conjunta es mucho más sencilla de lograr cuando la pareja ha llegado a la decisión de separarse por común acuerdo y existe una convivencia cordial entre ellos. No ocurre igual cuando la relación es problemática: hay pleitos, existe un tercero en discordia, hay agresiones físicas, verbales o psicológicas, sienten enojo y resentimiento o cuando un integrante de la pareja ya no siente amor y decide separarse de manera unilateral. Esto puede resultar muy complicado. Sin embargo, cualquier pareja que realmente está interesada en afectar lo menos posible a sus hijos y es consciente de que el propósito es su bienestar, debe prestarse al diálogo y a la negociación para llegar a un mutuo acuerdo.

Si no es posible una versión unificada

En caso de que no sea posible que cada uno de los padres sostenga una versión semejante sobre su separación, tampoco representa el fin del mundo. De hecho, es natural que cada uno mantenga su propia versión, dado que tienen diferente percepción de una misma situación. Cada uno ve lo que tiene que ver, lo que puede ver y lo que quiere ver, de acuerdo con sus propias experiencias. Como se dice comúnmente, "todo se ve dependiendo del color del cristal con que se mire".

Lo ideal es que se tenga una versión unificada, pero en caso de que no sea posible, no existe gran problema, siempre y cuando la versión que cada uno mantenga sea una versión que contenga *su* verdad y que se pueda sostener. El hecho de que un hijo vea y entienda que cada persona puede tener su propio punto de vista sobre las mismas cosas y que incluso puede y debe respetar estas diferencias, es un gran aprendizaje de vida. Si en un momento dado las versiones no se asemejan, simple y sencillamente se plantea que cada uno ve las cosas de diferente manera y que eso es parte del problema entre ellos. Por ejemplo, para uno de los padres la razón de la separación puede ser porque dejó de amar al otro; mientras que para el otro puede ser que aunque no quiere separarse, aunque no lo pidió, aunque siga amando y queriendo estar en la relación, no le interesa seguir con alguien que ya no lo ama, y se convierte en una razón suficiente para terminar.

> Cuando la versión unificada no es posible, al menos la versión de cada uno de los padres debe contener su verdad y ser sostenible con el paso del tiempo.

Veracidad

Un factor fundamental de la versión de la disolución conyugal es la veracidad. Esto se refiere a que la información que papá y mamá van a exponer a sus hijos debe estar apegada a la realidad. Sólo una versión que es veraz se puede sostener a través del tiempo, independientemente de lo que pueda suceder. Menciono esto porque muchos padres, cegados por el enojo y el resentimiento, tienden a tergiversar palabras o sucesos, exagerar la situación, culpar al otro por todo o, peor aún, inventan una versión con la intención de no aceptar la realidad.

Las mentiras tarde o temprano salen a flote y, cuando esto sucede, los hijos se dan cuenta de que los han estado engañando con respecto a algo que tiene una enorme relevancia en su vida, generándoles una gran decepción y con el riesgo de que los padres pierdan credibilidad.

Si, por ejemplo, papá o mamá plantean a su hijo que el motivo de la separación es que no se entienden y no logran ponerse de acuerdo, y a la hora de la verdad resulta que el motivo real es que existe una tercera persona involucrada, el niño se sentirá muy defraudado al enterarse de esto.

> Hay casos extremos de falta de veracidad, como cuando a los hijos se les dice que papá murió o que se fue a vivir a otra ciudad o país, cuando evidentemente es falso. El niño se sentirá engañado cuando se entere de que las cosas no son así.

En una ocasión tuve en terapia a un niño que de pronto comenzó a sentir un terrible rechazo por sus abuelos paternos y a manifestar actitudes muy agresivas hacia ellos. Cuando comenzamos a profundizar en su caso, encontramos que unos meses antes le habían dicho que sus padres habían decidido separarse y que la razón era porque su papá debía mudarse con sus abuelos para poder darles los cuidados que necesitaban, pues eran de edad muy avanzada. Todo esto era mentira, un invento para no decirle que su papá se iba de casa porque había embarazado a otra mujer y quería formar una familia con ella. Evidentemente, el niño se dio cuenta de las cosas y percibió el engaño. El coraje que tenía por sus abuelos era porque creía que eran cómplices de la mentira, y porque apoyaban a un padre que lo estaba abandonando.

Congruencia

La congruencia significa que aquello que le voy a decir a mi hijo tiene una relación lógica y coherente con la realidad que percibe en su vida diaria, y esto le dará certeza a la versión que elijan.

> *Una versión congruente es aquella que coincide con la realidad que el niño experimenta en su vida cotidiana.*

Existen algunas versiones que son muy difíciles de creer porque no hay congruencia en ellas, por ejemplo, que el motivo de la separación es porque los padres pelean constantemente, cuando el hijo nunca ha sido testigo de un pleito entre ellos. Con este tipo de incongruencia lo único que se logra es que se genere en el niño una gran ansiedad y desconcierto, incluso se sentiría disgustado, porque se dará cuenta de que lo están engañando y pensará que existe una verdad oculta detrás de esa versión. En caso de que sea real que el motivo de la separación son los constantes pleitos entre los padres, a pesar de que su hijo nunca los haya presenciado, sería necesaria una aclaración, como podría ser: "Tu madre y yo hemos decidido separarnos porque peleamos mucho, aunque hemos sido sumamente cuidadosos de no hacerlo enfrente de ti y de que no te des cuenta para no inquietarte". Esto, desde luego, no quiere decir que si hay pleitos entre la pareja, el hijo deba presenciarlos para que después pueda creerles fácilmente.

Se dice que una persona congruente es aquella que lo que dice y lo que hace tiene una relación lógica; me parece que esto es cierto sólo parcialmente, porque en realidad una persona congruente es aquella que su manera de pensar, decir, sentir y actuar están en una misma línea.

> Cuando al niño se le expone una versión congruente, entonces puede ir sacando sus propias deducciones lógicas que coincidirán con la realidad. Esto empieza a generar certeza y reduce los niveles de ansiedad porque estará viviendo lo que le dicen, y la versión reforzará su experiencia y sus creencias, incluso, le dará sentido a muchas de ellas.

Por ejemplo, el hijo que ha visto a su padre golpear, insultar y denigrar a su madre, pero al momento de exponerle su versión, la mamá le dice:

Hijo, tu papito y yo vamos a separarnos. Él es muy lindo, bueno, cariñoso e incapaz de hacerle daño a nadie, y lo que más quisiera es estar siempre junto a nosotros, pero como yo me tengo que mudar de ciudad por mi trabajo y a él se le complica venir con nosotros, por ello pensamos que es mejor separarnos.

Esto es muy difícil de creer para el niño, no tiene ningún fundamento ni congruencia con la realidad que vive en su hogar. ¿Qué puede hacer el hijo con una versión de este tipo? Obviamente se dará cuenta de la falsedad de las palabras y, como es natural, le causará enojo e inseguridad, y será muy difícil que siga creyendo en lo que su mamá le diga.

Incluso, si existiera alguna incongruencia en la versión, es posible que el hijo comprenda su origen si está bien manejada. Por ejemplo, la mamá piensa que su esposo es un desgraciado y está furiosa con él porque se enteró de que tiene una relación sentimental con otra mujer. Ella puede decirle a su hijo:

> *Tu papá y yo nos vamos a separar. Yo estoy muy decepcionada de él (sin necesidad de entrar en detalles) y aunque hay muchas cuestiones de esa separación que me tienen muy enojada y triste, sé que cuando finalmente estemos separados me sentiré más tranquila.*

Entonces, el niño comprenderá la razón del malestar de su mamá y le creerá cuando le diga que todo estará bien después de la separación.

O el caso de la pareja que ha decidido separarse porque él está en desacuerdo con la afición de su esposa por el juego, lo que ha traído como consecuencia que ella descuide sus obligaciones con sus hijos y con el hogar, además de las grandes sumas de dinero que ha perdido. Al hablar con su hijo para informarle sobre la separación, el papá podrá decirle:

> *Tu mamá es una gran mujer, yo la quiero y la admiro mucho, pero hemos decidido separarnos porque hay actitudes de ella que me enojan e irritan, sobre todo porque últimamente se*

ha dedicado a ciertas actividades con las que yo no estoy de acuerdo y ella no está dispuesta a cambiar, y como te has dado cuenta, ya casi no está en casa ni se hace cargo de ti ni de tus hermanitos.

Para el hijo tendrá mucho sentido lo que su papá le dice, a grandes rasgos comprenderá lo que está pasando y, aunque sea una situación que no le agrade, la puede aceptar y sentirse tranquilo de que le están diciendo la verdad.

Claridad

La claridad es la facilidad para expresar y comprender la versión de una manera sencilla, teniendo en cuenta la capacidad de asimilación del niño, de acuerdo a su edad y a su madurez.

En muchas ocasiones, cuando tengo a una pareja en consulta, a pesar de mis veinticinco años de experiencia como terapeuta y después de haber tratado a cientos de parejas, una vez que me exponen la versión de su separación me quedo sin entender nada. Me hablan de una situación tan confusa, ambigua e inverosímil, que no hay forma de hacerse una idea clara de lo que está pasando entre ellos. Y si para mí resulta complicado de entender, que soy un adulto y que además soy un especialista en el tema, es lógico que para un niño sea algo más que un enigma.

En una ocasión tuve en mi consultorio a una mujer que tenía gravísimos conflictos con su marido, ella era víctima de violencia, agresiones, humillaciones... por parte de él, y, por si esto fuera poco, había entablado un pleito legal por unos terrenos que él le había robado. En resumen, entre ellos había problemas de todo tipo, personales, económicos y legales; además no sólo se había acabado el amor entre ellos, sino que se odiaban encarnizadamente. Esta pareja tenía una hija de cuatro años, y la preocupación de la madre era que no quería perjudicarla y buscaba asesoría para manejar bien el divorcio. Hasta aquí, prácticamente sin ninguna dificultad podía entender la situación de este matrimonio y las razones por las que estaban en proceso de divorcio. Pero la mujer no me había comentado un pequeño detalle: esta pareja seguía viviendo en la misma casa y dormían en la misma cama. Ella argumentaba que seguía viviendo con él porque sus abogados le recomendaban que no se saliera de la casa que compartían, porque corría el riesgo de que él se la quitara. No quiero ni imaginarme lo confusa que esta situación podría ser para su hija, quien llevaba casi toda su vida viviendo pleitos muy graves entre sus padres.

Tuve otro caso de una pareja que argumentaba que su propósito de tomar terapia de pareja consistía en no perjudicar a sus hijos, ya que ellos eran lo más importante para ambos, y que por el profundo amor que les tenían, deseaban resolver su situación de pareja. Su problema era que llevaban dos años golpeándose físicamente uno al otro. En un principio, él era quien la agredía, pero después ella comenzó a defenderse, y así su hogar se convirtió en un ring, en donde había peleas dos o tres veces por semana, y sus hijos eran los espectadores: se golpeaban enfrente de ellos. El espectáculo era terrible, se pateaban, se escupían, se tiraban al piso, se arañaban, se jalaban del pelo. Para mí era imposible creer lo que esta pareja me decía: "que amaban a sus hijos, que eran lo más impor-

tante para ellos, que no querían perjudicarlos" y que por esta razón deseaban rescatar su relación de pareja.

Su actitud era completamente inaudita.

Por esto, insisto, hay que ser congruentes y tener claridad con los hijos, pero esto tiene que originarse en uno mismo, de otra forma es imposible llevarlo a la práctica.

Evitar sobreinformar

Quizá este punto pueda ser el más complicado de la versión. Algunas veces no resulta fácil establecer un límite entre lo que conviene y lo que no conviene que los hijos sepan sobre la separación de sus padres. Es una línea muy delicada entre lo que en realidad sucede con la pareja y lo que el niño debe saber.

Existen situaciones que se viven entre las parejas que son patéticas y hasta grotescas, y que ninguna necesidad tienen los hijos de enterarse. Tal es el caso del papá que tiene relaciones sexuales con su suegra, o sea, la abuela de los niños; la mamá con el mejor amigo de papá; o papá con su cuñado, entre muchas otras historias que he llegado a escuchar en el consultorio. Es información que a los hijos no les sirve para nada y que sólo les puede generar un trauma para toda la vida. Si como adultos es difícil de entender y asimilar estas situaciones, como niño y como hijo es peor.

Cuando el motivo de la separación es la infidelidad, generalmente la parte delicada de la versión

> es mencionar la identidad de la tercera persona involucrada porque muchas veces se trata de algún pariente, alguien cercano a la familia o a quien le tienen cariño y confianza. Esto puede resultar un tema adicionalmente delicado.

Otros temas complicados son los relacionados con la sexualidad. El niño no necesita enterarse que su papá no le ha hecho el amor a su mamá en cinco años, que sufre impotencia o que hay preferencias homosexuales en alguno de los cónyuges; es información que probablemente no comprenda.

También son delicados los temas económicos. Hay personas que exageran en los detalles, como el caso de la mamá que le comenta a sus hijos que su papá no da un peso, que no trabaja lo suficiente, que ya se cansó de mantenerlo, que no aporta dinero ni para las colegiaturas, que todo lo que el niño tiene se lo ha comprado ella, que es un inútil, etcétera, y esto también es sobreinformar a los hijos.

Así, una versión requiere de veracidad, congruencia y claridad, pero también es fundamental decidir hasta qué punto es apropiado que el niño sepa toda la verdad. Y no porque, como decimos cuando estamos enojados, el niño tiene *todo el derecho* de saber por qué su padre se va o por qué su padre corrió a su mamá. Que sepa qué clase de papá tiene o que conozca a la mamá que le tocó.

> Solemos descargar nuestro enojo evidenciado al cónyuge frente a los hijos como si eso fuera útil

de alguna manera. Esto es muy común, sobre todo cuando la madre o el padre está muy idealizado por los hijos y con esta descalificación la expareja pretende bajarlos del pedestal. Si en verdad no queremos afectar a los hijos o hacerlo en la menor medida posible, pensemos bien la versión que se manejará y hasta dónde es conveniente hablar.

Debemos entender que cualquier información adicional, automáticamente le genera al niño mucha ansiedad. Esto ocurre, entre otras cosas, porque los niños tienden a responsabilizarse de todo lo que sucede en su núcleo familiar y asumen cargas que no les corresponden. Por otro lado, toman las cosas de manera personal, lo que les ocasiona sentimientos de enojo, resentimiento, coraje, decepción e impotencia, por hechos que no tienen nada que ver con ellos.

> *Al sobreinformar a los hijos es frecuente que se manifiesten actitudes que no les corresponden, como juzgar a sus papás o hasta intentar reprenderlos por sus acciones.*

En el momento de evaluar qué versión sobre la separación se va a exponer a los hijos, según mi experiencia, lo mejor es "dar menos" que "dar de más". Por ello, antes de decidir qué es conveniente decir y qué no, siempre habrá que preguntarse: ¿En qué le ayuda a mi hijo saber esto? ¿Para qué específicamente le serviría esta información? Si no hay una respuesta válida, es mejor no decirlo. Recordemos que el propósito final de este libro es encontrar la manera para afectar lo menos posible a los hijos, y esto probablemente signifique que muchas cosas se tendrán que callar, otras probablemente tendrán que cambiar y algunas acciones se deberán contener en beneficio de los hijos.

> *Antes de decidir qué es conveniente decirles a los hijos, hay que preguntarse: ¿en qué le va a ayudar saber esto a mi hijo?, ¿para qué le servirá esta información? Si no existe una respuesta válida, es mejor evitar el tema.*

En este asunto es muy importante mencionar la responsabilidad, porque no es posible actuar en nombre de la pareja, pero sí se debe procurar ser responsable por lo que nos corresponde de manera individual.

Cada uno es responsable de no afectar a sus hijos. Si la pareja es quien perjudica en mayor medida a los hijos, lo que debe hacer la otra parte es contrarrestar la situación siendo responsable de causar la menor afectación. Dicho en otras palabras, si mi cónyuge o excónyuge está haciendo las cosas mal, con mayor razón tendré que compensar esto haciendo lo correcto.

El papá que no da dinero para la manutención de sus hijos los está afectando con esa omisión. Es lógico y obvio. Y tendrá que recaer en él esa carga y esa responsabilidad negativa de afectar a su hijo. Pero si a eso se le agrega que cuando la mamá se lo encuentra en la calle le grita que es un muerto de hambre, sólo estará empeorando las cosas, aunque ella se justifique diciendo que lo hace por defender los derechos de sus hijos. En todo caso, una forma correcta de velar por los intereses de sus hijos y de evitar afectarlos aún más, sería levantando un acta en un juzgado, y probablemente los hijos ni siquiera tendrían que enterarse de eso. Salvo, claro, que nuevamente el papá irresponsable se lo haga saber, y que conste que no estoy en contra de los papás ni a favor de las mamás, son sólo ejemplos de situaciones bastante comunes.

Otro ejemplo es el papá que se va de casa para vivir con otra mujer, y la mamá se la pasa diciéndoles a los hijos:

> *Tu papá es un irresponsable, ustedes nunca le han importado, ahora sólo le interesa la tipa con la que vive, y yo soy la que se tiene que fregar cuidándolos, él ni siquiera se digna aparecerse cuando ustedes están enfermos, soy yo la que se tiene que fastidiar.*

Y cada que la mamá tiene un problema con su hijo, le dice que se largue con su papá, que ella no tiene por qué aguantarlo. Con esto sólo logra dañar en lo más profundo al niño, y hace trizas su autoestima. Y, para colmo, luego lo lleva a terapia, pues dice que está muy afectado porque su papá se fue con otra mujer. Si la prioridad de esta mamá verdaderamente fuera la de no afectar a su hijo, tendría que aprender a manejar todo este coraje y evitar hablar mal del papá. Como he dicho en otros momentos, esto se complica más cuando para el niño su papá es el mejor. Es muy fácil ver la paja en el ojo ajeno, y no ver la viga en el propio. Notar cómo el otro perjudica a mi hijo, pero no cómo yo mismo puedo estar afectándolo, es una manera más grave.

Una recomendación que puede ser muy útil para evitar informar de más a los hijos y que a la vez sirve como un indicador del estado emocional en que se encuentran, es averiguar qué tipo de información tienen, hasta dónde están enterados de la situación de sus padres y de su familia. Esto es tan simple, como preguntar:

> *Hijo, ¿tú sabes lo que está pasando entre papá (o mamá) y yo? ¿Cómo te sientes con respecto a eso?*

Como se ha dicho en otros momentos, tendemos a subestimar a los niños, y por ello los padres llegan a asombrase cuando se percatan de que sus hijos poseen más información de la que suponían. Esto es delicado, porque si los padres desconocen el tipo de información que tiene su hijo, sea correcta o no, y le comunican algo que es diferente de lo que sabía previamente, aunque su reacción pueda ser tranquila y pasiva, en el fondo pensará que lo están engañando y que no confían en él. Por ello, el hecho de indagar con qué información cuentan es una herramienta muy valiosa que da una guía de por dónde se debe abordar el asunto de la separación, lo cual será muy útil para reforzar la versión.

Procura que tus hijos te digan qué piensan y qué sienten; considera que la pauta que tanto estás buscando sobre cómo hablarles de la separación, quizá ellos mismos te la den.

Sostenible con el paso del tiempo

Otra característica que es recomendable en el manejo de la versión es que sea sostenible con el paso del tiempo. Significa que lo que se les diga a los hijos pueda trascender y mantenerse con los años. En este sentido, la versión que se le comparte a un niño durante su infancia, deberá ser tan veraz, congruente y clara, que siga vigente cuando ya sea un adulto. Por ejemplo, si el hijo cuyos padres se divorciaron cuando él era muy pequeño, pasados los años, estando con su esposa y sus propios hijos en una sobremesa, le preguntara a su mamá: "Bueno, mamá, ¿y qué fue lo que realmente sucedió con mi papá cuando se separaron?". Una versión que sea sostenible al paso del tiempo sería exactamente la misma que le dijeron cuando era un niño, aunque posiblemente pueda ser más amplia o contener más detalles, porque ya es otra condición.

> La versión que se comparte con un hijo durante su infancia, deberá coincidir con la que se sostenga cuando sea adulto, aunque pueda contener más detalles.

Muchos padres vienen a consulta pidiéndome ayuda para que los asesore sobre cómo reparar una versión que ya no se puede sostener por sí sola, porque originalmente estuvo basada en engaños y mentiras.

Si el niño tiene dos años de edad, ¿qué necesidad hay de decirle que su papá se murió, cuando en realidad vive a dos cuadras de su casa? Si así se piensa proteger al menor, ¿qué va a ocurrir cuando dentro de cuatro años se encuentre a su papá en la tienda de la esquina y le diga: "Yo soy tu papá". "¿Qué le van a decir? ¡Milagro, revivió!" Por ese tipo de situaciones acuden a verme, para que les ayude a decirle al hijo que su papá siempre no estaba muerto. Son versiones que son muy difíciles de sostener con el tiempo y que además son vulnerables.

> Conozco el caso de un exitoso ejecutivo que en el funeral de quien creía era su padre, mientras lloraba desconsoladamente, su madre se acercó con la sana intención de consolarlo, y le dijo: "No llores, hijo, ese hombre no era tu padre". Después de tantos años, a la mamá se le ocurrió que ése era el momento adecuado para destapar una historia que había estado oculta por muchos años. A partir de entonces no sólo descubrió que su padre era otra persona, sino que además tenía más de diez medios hermanos.
>
> Otro caso es el de una mujer que se presentó en mi consultorio y me explicó que años atrás, cuando su hija era muy pequeña, se casó con un hombre que no es el padre biológico de esa niña, pero que le exigió que la registrara como su hija y que le dijera que él era su padre, y así lo hizo. Los años pasaron, y la niña creció creyendo que ese hombre era su padre. Ahora, cuando

esta mujer se está separando de su esposo, aparece el verda-
dero padre, quien muestra interés por formar una familia con
ella y le exige que se reconozca su paternidad. Entonces, ella
no sabe cómo explicarle a su hija que el hombre que pensaba
que era su papá en realidad no lo es, y que el hombre que la
niña acaba de conocer, sí es su verdadero padre.

La verdad, por dura que aparentemente pueda ser, a la larga siempre es mucho más conveniente y evita problemas. Es frecuente encontrar casos en donde las mentiras fueron estériles desde el principio y, con el paso del tiempo, sólo complican la situación.

> No es recomendable inventar historias ni mentir con el afán de proteger a los hijos de una verdad que pueda ser difícil de asumir.

El contenido de la versión

Ya hablamos de algunas características que debe tener la versión y que se consideran de suma importancia. Son guías que necesariamente debemos tomar en cuenta al intentar abordar el asunto de la separación y el divorcio con los hijos. Pero, sin duda, el elemento central de la versión es "el tema". Representa la piedra angular en donde se sostendrá todo lo demás.

El tema no es otra cosa que el contenido de la versión. Seguramente hay tantos temas como parejas han existido en el mundo, cada una con su propia historia y sus propias particularidades. No obstante, en este libro se propone tratar el tema de una manera generalizada, en lugar de que se especifique y se haga de forma detallada.

Por ejemplo, en lugar de una versión en la que se exponga concretamente cuánto gana cada cónyuge, de qué gastos del hogar se responsabiliza cada quién, cuántas deudas tienen y lo qué opina cada uno sobre el caso, es mejor tratar el tema de una forma general, y sólo mencionar que han decidido separarse por problemas complicados e irresolubles de tipo económico. O, por ejemplo, en lugar de explicar a los hijos que se van a separar porque papá tiene un romance con su asistente o que mamá se reencontró con un exnovio y ahora está enamorada de él, es mejor decirles que ya no se aman y que eso los ha llevado a perder el interés y el cariño que se tenían, por lo que han decidido separarse.

Generalmente, sugiero que la versión se sustente en tres temas principales, que engloban la mayoría de los problemas que existen entre las parejas. Estos temas son: los pleitos, el desamor y la búsqueda de la felicidad. Revisemos en qué consisten cada uno de ellos.

> *La versión se puede sustentar en tres temas generales que abarcan la totalidad de los problemas en una relación de pareja: los pleitos, el desamor y la búsqueda de la felicidad.*

Los pleitos

El tema de los pleitos entre parejas es probablemente el más típico. Abarca enojos, discusiones, desacuerdos, malas caras, agresiones, descalificaciones, rabietas, escenas de celos, etcétera. Son acontecimientos difíciles de ocultar por lo que los hijos los presencian con bastante regularidad.

Cuando se habla con los hijos del tema de la separación por motivo de los constantes pleitos entre los padres, sin entrar en detalles ni especificar las razones, para ellos resulta muy fácil de comprender, pues es una versión muy clara y congruente; sobre todo cuando son conflictos que van en escalada, y que cada vez son más frecuentes, intensos o violentos.

¿Cómo se maneja una versión de este tipo? Como generalmente el niño conoce el historial de pleitos de sus padres, es muy probable que los haya presenciado o notado en más de una ocasión y tiene antecedentes del problema. Por tal motivo, el argumento de la separación no le será desconocido o novedoso. Los padres pueden decirle a su hijo que cada vez pelean con más frecuencia e intensidad, que eso les está causando mucho daño y que creen que estarán más contentos y tranquilos si continúan su vida separados. Pueden hacer referencia a algún pleito que el niño haya presenciado recientemente y preguntarle cómo se sintió al ver a sus papás peleando, y como es probable que el niño conteste que se sintió asustado, triste o que mencione alguna otra emoción negativa, pueden aprovechar para decirle que ellos no lo quieren hacer sentir así, y que también por ello es mejor separarse; obviamente, teniendo mucho cuidado de que el niño en ningún momento sienta que se le está culpando por la separación de sus padres. Decirle que prefieren una buena separación que un mal matrimonio, es un argumento que los niños suelen entender bastante bien.

> Los padres deben ser muy cuidadosos. Por ningún motivo deben hacer sentir a sus hijos que ellos tienen un tipo de responsabilidad en su separación.

De esta manera, el tema de los pleitos permite exponer en un sólo conjunto una serie de problemas entre la pareja, sin necesidad de entrar en detalles. El niño comprende fácilmente que no es correcto ni sano que sus padres peleen continuamente, y que es una situación que nadie tiene obligación de soportar.

El argumento de los padres va en el sentido de: ya no queremos pelear, ni por ti ni por nosotros.

El desamor

Este tema suele causar mucho conflicto en las parejas porque, como lo mencionábamos antes, nos han vendido la creencia de que el amor, para que sea considerado como amor verdadero, debe ser eterno, y que si no es eterno entonces no es amor. En mi juicio esta es una idea errónea. Aunque el amor en una pareja sí puede durar toda la vida, no forzosamente es así en todos los casos. Es bien sabido que en ocasiones el amor acaba, nos guste o no, y esto puede suceder por muy diversas razones.

Como parte de este tema, también podemos incluir a las parejas que en realidad nunca se han amado, sino que confundieron el sentimiento del amor con el enamoramiento, lo cual es muy diferente. Cuando la fase del enamoramiento se termina, hecho que suele ocurrir muy pronto, la pareja piensa que se acabó el amor, aunque este sentimiento nunca haya existido en la relación.

La fase de enamoramiento es una etapa de idealización de la pareja, en la cual todo es perfecto, agradable y admirable. No se ven defectos o carencias en la pareja y, si se alcanzan a percibir, éstos se minimizan. Por ejemplo, si él es un cuasialcohólico, ella dirá: "Si bebe un poquito, pero nada que sea un problema". Lo que comúnmente ocurre en la fase del enamoramiento es que la pareja hace la función de un espejo encantado; entonces, además de que los defectos se minimizan, también es frecuente que lo que yo recibo del otro, me termina mostrando cuán maravilloso soy. Así, más que estar enamorado de la pareja, se encanta con su propia imagen proyectada a través del otro. Esto ocurre en ambos sentidos: los dos se ven reflejados en la otra persona. En esta etapa, él le dice: "Eres la mujer más hermosa del mundo", "Tener tu amor es lo mejor que me ha pasado en la vida", "Tu ternura y tu cariño son incomparables". Y ella le dirá a él: "Eres muy inteligente", "Me siento muy segura a tu lado", "Amo tu sentido del humor y tu ingenio", etcétera. Ambos se alaban, y terminan enamorándose de esa imagen que la otra persona les refleja.

Pero, ¿qué sucede cuando llega a su final la fase del enamoramiento? Lo que generalmente ocurre es que ese espejo encantado se rompe y atrás aparece otro espejo, pero que sólo refleja la realidad. Y, entonces, las personas comienzan a desilusionarse, y se dan cuenta de que la pareja no es tan maravillosa como se creía en un inicio. Por esto que las relaciones que se gestan y concretan durante la fase del enamoramiento tienen un alto riesgo de fracasar, como sucede a muchas parejas que se casan a los pocos meses de noviazgo, lo cual es muy común que les ocurra a los jóvenes.

La fase de enamoramiento llega a confundirse con amor verdadero, y cuando termina, las parejas creen que viven un aparente desamor.

En mi consultorio he atendido múltiples casos de padres que me llevan a su hija o hijo, apenas unos adolescentes de entre 15 y 20 años de edad, que dicen estar profundamente enamorados de su novio o novia y que desean casarse con la autorización de los padres, porque están seguros de que su amor es verdadero y que perdurará por toda la vida. Cuando hablo con estos jóvenes procuro hacerles ver que en la fase de enamoramiento todo es color de rosa, pero que no es la realidad y que difícilmente estarán preparados para superar esta etapa y pasar a la siguiente, que es el amor maduro. No obstante, algunas de estas jóvenes parejas han decidido correr el riesgo, creyendo que su amor todo lo puede, y desafortunadamente el matrimonio sólo dura unos pocos meses. De igual manera, he atendido casos de personas adultas que me han comentado que conocieron a su pareja ideal, la cual es maravillosa y excepcional, a los pocos días de conocerse se mudan a vivir juntos y después de seis meses o un año se están separando.

Así como nos han vendido la idea de que el amor es para siempre, también nos han querido hacer creer que para lograr que el amor perdure, hay que cuidarlo como si fuera una plantita. Esto también es falso, y de ello me percaté un día mientras arreglaba mi jardín. En realidad, para conservar el amor no se debe cuidar como a una plantita, sino como a un jardín. Yo disfruto mucho cuidando mi jardín, pero algunas veces me toma tanto tiempo que sólo lo puedo hacer por encimita. Para esto, tengo una rutina rápida y sencilla que consiste en regarlo, recoger la hojarasca, podar el pasto y quitar algunas ramas secas de los árboles y arbustos, y así logro conservarlo aparentemente en buen estado por un tiempo. Cuando llego a repetir esta rutina durante cinco o seis veces seguidas, después le dedico más tiempo y lo arreglo con más cuidado y dedicación. Pero, lamentablemente, me encuentro con que tengo muchas plagas, sobre todo de hormigas que ya han marcado sus caminitos sobre el pasto, la hierba mala ha crecido en varias zonas, levanto algunas piedras que sirven como adorno y debajo de ellas encuentro muchas cochinillas y algunas arañas, atrás de unos arbustos veo unas ramas que crecen pegadas a la pared y las enredaderas cuelgan desordenadamente hacia la casa del vecino. Si un jardín sólo se cuida por encimita, puede verse bonito durante unos días, pero con el tiempo comienza a notarse abandonado y en muy malas condiciones. Sucede igual con la relación de pareja, si sólo se atiende y cuida superficialmente y sin suficiente dedicación, cuando menos se espera el pasto y las plantitas se han secado, lo que puede significar que ya no hay comunicación en la pareja; la hierba mala crece por doquier, es decir, hay rencores, coraje y resentimientos; cuando se levanta una piedra, literalmente sale una araña que ya hasta tiene arañitas; y las ramas de las enredaderas llegan a la casa vecina, que representa a la familia propia o política, que ya envolvió a la pareja en chismes, envidias y malas influencias. Y, de pronto, el jardín está en tan malas condiciones, que se requiere de mucho tiempo, esfuerzo, conocimiento y dedicación para arreglarlo y recuperarlo o, de plano, se vuelve imposible rescatarlo.

Dando continuidad a esta analogía, en la que el jardín se arruina si sólo se atiende por encima, imaginemos lo que puede suceder cuando no se le da ningún tipo de cuidado. ¿Cuánto tiempo crees que pueda conservarse en buenas condiciones? Por muy hermoso que haya sido un jardín, si no se le da ningún cuidado, es muy probable que en meses luzca como un terreno baldío.

> *Una relación de pareja que no se atiende o que sólo se cuida superficialmente, en donde no se trabaja la comunicación, la comprensión, el apoyo, el cariño, la ternura, el respeto y la vinculación profunda, entre otras cosas, se convierte en una relación estéril.*

Con el fin de hacer un diagnóstico para identificar qué tanta vinculación o comunicación hay entre una pareja, suelo hacerles algunas preguntas, como: "¿Cuál es el color favorito de tu pareja? ¿Cómo se llama su mejor amigo o amiga? ¿Cuáles son sus sueños o sus ideales?". Y algunas veces no tienen ni la menor idea o contestan incorrectamente.

Entonces, como podemos ver, es muy fácil que el amor acabe si no se cuida como es debido y con la profundidad requerida. Sin embargo, es importante que a los hijos siempre se les haga saber que son producto del amor de los padres, independientemente de que después haya terminado.

Algunas personas me han dicho que a pesar de que no descuidaron la relación, incluso así su pareja las abandonó para irse con alguien más. Y yo les digo que cuando esto sucede, es porque en cierta medida sí se está desatendiendo la relación. De hecho, se descuidó a tal grado, que la persona dejó de tener interés en su pareja y buscó fuera lo que no encontraba en su casa, y no me estoy refiriendo exclusivamente al aspecto sexual; puede ser una necesidad de ternura, de atenciones, de reconocimiento, de alegría, de afinidad intelectual, de armonía, etcétera. Ninguno de los dos se percató de que algo no estaba funcionando bien en la relación, no hubo comunicación ni honestidad y no hicieron un alto para evaluar su situación, y así la relación comenzó a dar muestras de deterioro.

Un comentario que resulta muy importante en esta parte del libro, es distinguir claramente que el cariño y el amor no son el mismo sentimiento. Si una relación de pareja puede ser lo suficientemente difícil, incluso cuando existe amor, desde luego el cariño por sí solo no alcanza. Muchas veces, cuando el amor termina queda el cariño, que puede ser entrañable por diferentes razones, como puede ser el lazo común con los hijos, pero no es amor, y no es bastante para sostener la relación.

Si las parejas dejan de tener relaciones sexuales e intimidad y terminan convirtiéndose en

roommates; es decir, amigos o compañeros de habitación que se tienen cariño y que comparten casa e hijos, pero no se aman.

Decirles a los hijos que el amor entre sus padres se ha terminado, y que ésta es la razón por la que han decidido separarse, es una versión relativamente fácil de comprender. Adicionalmente, para efectos ilustrativos, es posible compartirles la analogía de los cuidados que requiere un jardín, y a través de ella explicarles que por no haber atendido la relación como era necesario, el amor se acabó. También es muy útil una versión con la que fácilmente puedan identificarse, como la siguiente:

¿Recuerdas cuando fulanita(o) era tu mejor amiga(o), cuánto se querían y eran inseparables? ¿Qué sucedió después? Las cosas se enfriaron entre ustedes y poco a poco se fueron alejando, hasta que ahora ya ni siquiera son amigos. Bueno, pues algo semejante nos sucedió a tu mamá (o papá) y a mí.

Otro ejemplo:

Cuando tu papá (o mamá) y yo nos casamos, nos amábamos mucho y de manera muy intensa, pero por diferentes razones ese amor se fue acabando poco a poco. Hoy, con el paso del tiempo, se ha convertido en cariño. Nos queremos mucho todavía, pero ya no sentimos el amor necesario para continuar juntos como pareja.

La búsqueda de la felicidad

Hablar de la búsqueda de la felicidad como un tema de la separación, aunque parece algo muy abstracto, no lo es. Se refiere a que si una relación de pareja ya no está encausada hacia la felicidad, y en lugar de ello genera una sensación de inconformidad, frustración, tristeza, disgusto e insatisfacción, quizá deba terminarse.

Este tema de la infelicidad en la pareja puede ser delicado, porque mucho se nos ha dicho que la felicidad no depende de otras personas, sino de uno mismo, y que no podemos poner en manos de nadie, mucho menos de la pareja, la responsabilidad de ser felices. Y es verdad. La felicidad sólo depende de uno mismo. Por ello, cabe aclarar que este tema no se refiere a que una persona de pronto se dé cuenta de que su pareja ya no la hace feliz, sino a que la relación de pareja ya no le permite que se sienta realizada y plena.

La felicidad también tiene una connotación con un matiz delicado y sutil que suele recargarse hacia el tema del egoísmo. Cuando una persona atiende desmedidamente sus propios intereses, sin preocuparse por los intereses de los demás, se le considera una persona egoísta. Así, una persona que toma la decisión de separarse de su pareja argumentando que está en búsqueda de su propia felicidad, puede estar causando la infelicidad de su pareja y de sus hijos, sin embargo, lo considera una justificación válida, pudiendo parecer egoísta. A pesar de ello, resulta muy difícil juzgar una decisión de este tipo.

Si una persona ha comprobado una y mil veces que su relación de pareja no le da oportunidad de encontrar su realización, plenitud y felicidad, ¿tiene obligación moral y social de continuar con esa relación sólo por el bienestar de los demás? Esto, entiendo, es muy cuestionable, pues tendría también la responsabilidad de asumir los compromisos que adquirió previamente con la pareja y los hijos.

Hay mujeres que dicen que ya han intentado de todas las maneras posibles ser felices en su relación de pareja y con su familia, pero que se han dado cuenta de que ser esposa y madre no es su vocación, y por ello deciden abandonar a su marido y a sus hijos para iniciar una nueva vida al lado de su instructor del gimnasio, por ejemplo. Definitivamente me parece que se trata de una posición inapropiada e indeseable, porque justamente esos hijos son producto de sus decisiones, son su responsabilidad y dependen de ella en muchos sentidos.

> La felicidad sí tiene fronteras, y éstas se encuentran en donde empiezan a causar daño a otras personas.

Hay que tener muy claro que la felicidad es la capacidad de una persona para satisfacerse y gratificarse con lo que tiene, no con lo que no tiene. Y aunque esto suene absurdo, vale la pena mencionarlo, pues hay muchas personas buscando su felicidad en lo que no tienen, y de esta manera estarán destinadas a la infelicidad eterna. Por ello, cuando una persona está por tomar la decisión de separarse de su pareja argumentando que ya no está contenta en esa relación, antes que nada deberá cuestionarse si no se estará focalizando en lo que no tiene en lugar de hacerlo en lo que sí tiene. En el caso de que sienta la plena seguridad de que no está basando su felicidad en las carencias, con reiteradas pruebas y desde diversos enfoques, quizá entonces la separación sí sea una decisión legítima, basada en la imposibilidad de encontrar la plenitud y realización en esa relación.

> Este tema de la búsqueda de la felicidad se refiere al anhelo natural de los seres humanos por alcanzar la plenitud de su ser, que es lo que le da sentido a la vida.

Virginia Satir, experta en terapia familiar, explicó que las personas tienen cinco permisos que siempre deben poner en práctica, a los que yo les llamo los *permisos básicos de la salud mental*. Estos son:

Me concedo a mí mismo el permiso de estar y de ser quien soy, en lugar de creer que otro debe determinar en dónde debería estar o cómo debería ser.

Me concedo a mí mismo el permiso de sentir lo que siento, en vez de sentir lo que otros sentirían en mi lugar.

Me concedo a mí mismo el permiso de pensar lo que pienso y también el derecho de decirlo, si quiero, o de callármelo, si es que así me conviene.

Me concedo a mí mismo el permiso de correr los riesgos que yo decida correr, con la única condición de aceptar las consecuencias de esos riesgos.

Me concedo a mí mismo el permiso de buscar lo que yo creo que necesito del mundo, en lugar de esperar que alguien más me dé el permiso para obtenerlo.

En la búsqueda de la felicidad en la relación de pareja, estos permisos son fundamentales. Las personas tienen derecho a cuestionarse la calidad de su relación, así como a decidir correr el riesgo para eliminar lo que no quieren en su vida con el propósito de incrementar los niveles de plenitud, aunque esto signifique romper con la relación.

> *¿Es válido luchar por lo que uno quiere? ¿Es correcto alejarse de lo que uno no quiere? Ambas respuestas son afirmativas.*

Hace poco tiempo tuve en mi consultorio a una mujer casada desde hace veintiún años, con una dinámica de relación de pareja más o menos estable, con tres hijos, uno de veinte años, otro de diecinueve años y el más joven de catorce años. Esta mujer de pronto hace un alto en el camino y se da cuenta de que lleva años sintiéndose insatisfecha con su relación de pareja, hace un análisis e identifica específicamente cuáles son los aspectos de su relación que no la hacen feliz. Ella habla con su esposo, le plantea la situación, le explica qué es lo que no le complace, qué le desagrada, qué carencias tiene, y le pide que si él tiene interés en continuar con la relación, se deberá comprometer más con la relación, lo que significa que le preste más atención a ella y que reduzca las horas que pasa en el trabajo para estar más tiempo en familia. Tratando de rescatar la relación, ella además lo invitó a tomar terapia de pareja, a encuentros matrimoniales y a cursos que tienen el objetivo de sanar las relaciones de pareja. Después de cinco años, en los que no notó ningún cambio por parte de su esposo, ella le puso un ultimátum y le dijo que le daba un año para que se involucrara más en la relación, y que si en ese tiempo no cambiaba para mejorar, la única solución iba a ser la separación. Un año transcurrió sin que nada sucediera, y entonces ella le dijo: "Las cosas siguen exactamente igual, no noto ningún interés de tu parte por mejorar nuestra relación y yo así no deseo continuar, así que quiero que preparemos nuestra separación y divorcio". Él le pidió otra oportunidad y ella le dio seis meses más. Decidieron tomar otra terapia de pareja, pero frecuentemente él cancelaba las citas o llegaba muy tarde, no hacía las tareas que les pedía el terapeuta, hacían planes para salir los fines de semana y al último momento le surgían otros compromisos, etcétera. En pocas palabras, ella notó una absoluta falta de interés por parte de él en cualquier aspecto dirigido a mejorar su relación de pareja. Por esto, tomó la decisión definitiva de la separación. Actualmente ella se encuentra en terapia de desvinculación y también llevó a terapia a sus hijos, para que el proceso de separación los afecte lo menos posible. Ella identificó su insatisfacción y su infelicidad, y dialogó con su esposo sobre el asunto, exponiéndole sus necesidades. Tenía dos alternativas: la primera era conformarse con una relación que la frustraba, en donde no le gustaba cómo la trataba su pareja, cómo la veía, cómo la desatendía, el poco interés en *ella y en sus hijos, etcétera; y la segunda alternativa era separarse y procurarse una vida que le diera gratificaciones y plenitud. Cuando finalmente tomó la decisión de separarse, habló con sus hijos, y les dijo:*

"Ustedes saben que tengo algún tiempo intentando modificar las cosas con su papá porque el tipo de relación que tenemos me genera mucha frustración. Le he propuesto muchas alternativas para mejorar nuestra relación, pero él no ha mostrado interés. Los tiempos que hemos puesto se han cumplido y no he tenido respuesta ni he visto cambios en él, por eso ahora sí estoy tomando la decisión de separarnos".

Las personas no tienen obligación de quedarse eternamente en una relación que no les satisface y que hasta llega a coartar su libertad. Lo que esta mujer planteó a sus hijos tuvo que ver con la historia misma de la situación. Les dijo lo que había sucedido, haciendo hincapié en los permanentes intentos para mejorar las cosas, y que no dieron frutos. Por lo que tomó la decisión de que cada uno buscara la plenitud y la tranquilidad por su propia cuenta. Para los hijos resultó una versión comprensible y justificable.

Así, tenemos los tres principales temas en los que se puede sustentar la versión sobre la separación de los padres, y que comprenden la generalidad de los problemas que pueden existir en una relación de pareja. No necesariamente tiene que tratarse de pleitos, desamor o búsqueda de la felicidad, sino que en la versión es válido hablar de una combinación de dos temas o inclusive de los tres. Es claro que pueden existir algunas aristas en cada uno de estos temas que sustentan la versión. Independientemente de lo que se trate, insisto, la sinceridad, la tranquilidad y la espontaneidad siempre deben estar presentes.

Dos versiones diferentes

Al principio de este capítulo mencionábamos que lo más conveniente es que tanto mamá como papá tengan la misma versión sobre la separación; no obstante, es bastante común que cada uno tenga su propia versión.

Cuando la versión de mamá y de papá no coincide, existen dos alternativas. La primera es que se trate de versiones distintas, pero en donde ambos sostienen su versión y las diferencias; es decir, cada uno tiene su versión y reconoce que el otro tiene su propia versión.

Un ejemplo de este tipo sería:

> *Hijo, la razón por la que tu mamá y yo nos vamos a divorciar es porque cada vez peleamos más, ya no compartimos momentos agradables, y la situación cada vez está peor. No es que yo haya dejado de amarla, pero ya no es agradable ni conveniente para ninguno de nosotros que sigamos juntos. Sin embargo, ella no cree que ésta sea la verdadera razón de nuestra separación, y piensa que es porque yo dejé de amarla.*

La segunda alternativa, que es la menos deseable, es que ambas versiones sean diferentes y que no se respete ni acepte la versión del otro.

Por ejemplo:

Hijo, tu papá dice que nos estamos divorciando porque hay muchos problemas entre nosotros, pero es un mentiroso, la realidad es que anda con otra mujer, y lo que quiere es separarse de mí para poder irse a vivir con ella.

¿Cómo se maneja una situación de este tipo con los hijos? Bueno, es importante saber que no es necesario que los padres busquen que el niño avale alguna de las dos versiones ni tampoco que tome partido. Lo que sí es fundamental es que tenga claro que cada uno de sus padres posee su propia versión y que esté enterado en qué consisten.

> *Cuando no coincide la versión de cada uno de los padres, es importante saber que no es necesario que se procure que los hijos avalen una u otra, pero sí es fundamental que tengan claro que cada uno posee su propia versión y que las conozca.*

La experiencia de una pareja que conozco desde hace tiempo y que estimo, es un buen ejemplo de una separación en la que cada uno sostiene su propia versión.

Ellos habían estado casados por alrededor de dieciocho años, con dos hijas adolescentes y una relación aparentemente normal, con los problemas naturales de cualquier pareja, pero sin dificultades graves. Recientemente, a la madre de él le diag-

nosticaron Alzheimer, y para poder darle los cuidados necesarios y que no estuviera sola, pues podía ser peligroso, él le propuso a su esposa llevársela a su casa a vivir con ellos. Ella accedió sin poner ninguna objeción.

Dejé de verlos por un tiempo. Hace unos meses me pidieron una consulta, y me contaron que estaban en proceso de divorcio, lo cual me sorprendió bastante porque me parecían una pareja estable. Cada uno de ellos me platicó su versión de lo que había ocurrido. La versión de ella era que la situación con su suegra se fue complicando, su enfermedad fue progresando aceleradamente, y requería de muchos cuidados y atenciones. Se acercaba el periodo de vacaciones de diciembre, para lo cual previamente habían hecho algunos planes para viajar en familia, pero no pudieron ir a ningún lugar porque no podían dejar sola a su suegra. Un día, ella platicó con su mamá acerca de lo terrible que era vivir con alguien que tenía una enfermedad de ese tipo, y con lágrimas en los ojos le dijo que su vida había cambiado mucho, que tenía que dedicar mucho tiempo y esfuerzo para cuidar a la señora y que le preocupaba de qué manera podría empeorar su condición. Cuando su marido llegó a casa, se percató de que su esposa había estado llorando, y le preguntó qué le sucedía. Así, ella le contó que se había desahogado con su mamá y le repitió a su esposo la conversación que tuvo. Él reaccionó de una manera inesperada, se enfureció, y le dijo: "¡Ah, resulta que mi mamá y yo te estorbamos! Nunca hubiera pensado que fuéramos una carga tan pesada para ti. Eres una mala mujer y una despiadada que no puede compadecerse de una persona enferma. Si no quieres que estemos aquí y si tanto complicamos tu vida, en este mismo momento me largo de la casa con mi mamá y te olvidas de mí para siempre". Y así lo hizo, al siguiente día se fue, furioso, de la casa, llevándose a su mamá y echando maldiciones en contra de su esposa. Ésta es la versión de ella. La versión de él es otra. Dice que su esposa los arrojó a la calle como perros a él y a su mamá, que no le importó en lo absoluto todos los años que tenían casados ni la situación tan delicada en la que se encontraba su madre, que es una falsa y una hipócrita, que aparenta ser una buena mujer, pero que es malvada. Y que también sus hijas son unas ingratas, pues su abuela era un estorbo y tampoco sentían compasión por ella.

Como es natural, las dos hijas de esta pareja estaban tremendamente afectadas, sin comprender bien a bien qué era lo que había provocado la separación de sus padres, y de una manera tan abrupta. Ellas también asistieron a terapia conmigo.

Cuando les pregunté si sabían lo que había sucedido entre sus padres, me contestaron que no tenían ni idea, por lo que les expliqué la versión de cada uno de ellos. Una vez que conocieron ambas versiones, pudieron comprender claramente la situación, las razones de cada uno, y con eso fueron hilando cabos. Para las hijas fue un alivio entender qué había motivado la separación de sus padres y saber que cada uno tenía su propia historia. Además, aprendieron a poner límites: el papá las utilizaba para enviarle mensajes a su mamá, y la mamá para pedirle dinero al papá. Así, pudieron pedirles a sus papás que no las involucraran en sus problemas, que tampoco las usaran como mensajeras ni como espada en la batalla.

Lo último que supe sobre esta pareja fue que estaban tramitando el divorcio en medio de una guerra encarnizada, incluso

*con demandas legales; cada quien sosteniendo su propia versión
y sin ninguna posibilidad de reconciliación.*

Una situación que es muy común entre las parejas y que también
nos sirve como un buen ejemplo de este tema, es la infidelidad.
Cuando se da una separación por causa de la infidelidad mascu-
lina, para la parte femenina el único motivo del rompimiento
es que su esposo fue infiel.

La versión de ella será que la traición de su esposo hizo que
todo se desmoronara y que ya no existiera ninguna posibilidad de
rescatar la relación, y de esta manera se lo hará saber a sus hijos.
Para él, su versión será que la infidelidad sólo fue el detonante
que hizo que terminara una relación que ya estaba muerta, en
la que no había comunicación, ternura ni intimidad, incluso sin
relaciones sexuales desde tiempo atrás. Entonces, él hablará con
sus hijos y les dirá que es innegable que hubo un incidente de
infidelidad, pero que no se trata del único problema entre papá
y mamá, sino que es la consecuencia de una serie de problemas
añejos, distanciamiento y desamor, y que de hecho ya habían
tenido algunos intentos de separación anteriores.

Así, ella sostendrá que el motivo de la separación es la infidelidad, y él argumentará que ya era una relación muerta desde
mucho tiempo atrás y que la infidelidad sólo fue un detonante
de una situación que era inevitable.

Con estas dos versiones y con base en los hechos, los hijos
podrán extraer su propia conclusión.

En el peor de los casos, cuando existen dos versiones diferentes, pero una de ellas llega a rayar en lo inverosímil, entonces la contraparte debe ser lo más realista posible, porque la

misma falsedad de uno apoya la veracidad del otro. Los hijos podrán deducir si lo que dice su papá o su mamá es congruente con la realidad. Sin embargo, una versión inverosímil nunca es recomendable, se convierte en una burla para los hijos, quienes obviamente se dan cuenta del engaño y eso les afecta mucho.

> *Es una realidad que las cosas caen por su propio peso. Los hijos sacan sus conclusiones personales sobre la situación, que probablemente terminarán siendo las más sensatas y correctas, incluso las más válidas.*

En el momento en que están en medio del torbellino, es posible que los hijos inclinen su apoyo hacia el padre con el que se sienten más identificados o a quien tienen idealizado, pero después logran ver la realidad. Con el tiempo la verdad triunfa por encima de lo inverosímil, de las falsedades, de lo grotesco, incluso del enojo y de los resentimientos, y con más consciencia los hijos logran reconocer qué es congruente y qué no lo es.

> Si uno de los padres, o ambos, miente, engaña, finge o exagera su versión, a la larga se revertirá, por lo que hay que ser muy cuidadosos con lo que se dice desde un principio. Cuando los abogados se encuentran en medio de un pleito de pareja en donde todo se vuelve trágico,

acostumbran decir: "Aquí estamos discutiendo asuntos legales, no sentimentales". El hecho de que haya dolor, resentimiento o enojo, no justifica que se dramaticen los hechos.

Esto me hace recordar una anécdota personal que ocurrió cuando era muy joven e intentaba vender el primer automóvil que tuve.

Yo pedía las perlas de la virgen, le tenía especial cariño a ese auto, y cuando trataba de negociar con un posible comprador, éste me dijo: "Mira, yo no pago afecto, sólo pago el valor del auto". Fue una gran lección porque, efectivamente, yo quería incluir en el costo del auto todas las historias que había vivido, los paseos con amigos y los grandes momentos de diversión. Igual pasa con las relaciones: el afecto ni se paga ni se cobra.

Al final, los hijos se dan cuenta del valor de las cosas, sin sentimentalismos. Si le hablan mal de su mamá o de su papá, le costará trabajo creerlo y va a perder credibilidad en quien le haga el comentario negativo, por lo sesgado de la información. Los hijos terminan dándose cuenta cuando se les intenta engañar y manipular para que tomen partido con alguno de los padres. Cuando los padres no se instalan en un esquema realista ante los hijos y por las emociones exageran las cosas, van a generar poca credibilidad y enojo en ellos.

> En una versión sobre la separación, no hay necesidad de hablar pestes o maravillas de la pareja. Lo importante es que sea una versión objetiva, lo más apegada posible a la realidad, que sea congruente y fácil de sostener, sin intentar tergiversar la información.

Es por esto que para tocar el tema de la separación, deberemos incluir dos elementos adicionales a la versión que también son sumamente importantes: ser lo más objetivos y descriptivos posibles. Ser objetivo significa que se deberán dejar de lado los juicios de valor, lo que se considera correcto e incorrecto, lo que tiene que ver con tus emociones y lo que involucra en la medida de lo posible la forma de pensar. Por su lado, ser descriptivo se refiere a explicar y definir cuidadosamente a través del lenguaje de manera que exista claridad en lo que se dice.

Si estoy afectado emocionalmente

Hemos mencionado que antes de que los padres hablen con sus hijos sobre la separación o el divorcio, lo ideal es que hayan trabajado previamente en sus cargas emocionales con el fin de actuar con ecuanimidad y estén en condiciones de sostener un diálogo con sinceridad, tranquilidad y espontaneidad.

Sin embargo, sabemos que es bastante probable que esto no sea posible, y que la mamá, el papá, o ambos, se encuentren afligidos por la situación que están viviendo. Entonces, ¿qué pasa cuando esas cargas emocionales que se deben cuidar no se tienen trabajadas?, ¿qué sucede si ya no se puede postergar el tema con los hijos y todavía hay mucha afectación emocional?

Cuando es inminente la necesidad de hablar con los hijos sobre la separación y hay cargas emocionales que están afectando a papá o a mamá, la regla de oro es: verbalizar. Expresar que se está dañado emocionalmente puede ser la salida perfecta al conflicto de la afectación. Adicionalmente, el niño se sentirá reconfortado porque se le dice la verdad, seguro de que se le tiene confianza y de que se vale expresar lo que uno siente.

> *Los padres pueden estar muy lastimados emocionalmente en el momento de hablar sobre la separación. Para que esto no altere a los hijos, es recomendable verbalizarlo: reconocer y hablar sobre esa afectación.*

Por ejemplo:

Hijo, yo debería hablar contigo tranquilamente, sin enojo y sin llanto, pero en este momento me encuentro muy afectada(o) emocionalmente por lo que está pasando con tu papá (o mamá), y te pido que me disculpes por ello, pero necesito que sepas lo que está pasando entre nosotros.
Esto me afecta mucho y estoy muy lastimada(o).
Me genera una profunda tristeza lo que está sucediendo con tu padre (o madre).

Esto que está pasando con tu papá (o mamá) me tiene muy enojada(o) y estoy muy irritable.

Como habrás notado, desde que comenzaron los problemas con tu papá (o mamá) no he estado bien, me has visto triste y llorando, y tal vez me he desquitado contigo, regañándote y gritándote, pero quiero que sepas que no es contigo con quien estoy enojada(o), y te pido una disculpa por ello.

Expresar con palabras la situación emocional que están viviendo los padres les da claridad y certeza a los hijos. Explícales que estás enojado, decepcionado, resentido, herido, triste, deprimido, confundido, etcétera, para que comprendan lo que estás pasando y para que tenga sentido con su experiencia, pero sin dramas ni exageraciones. Se trata de tranquilizarlos, no de aterrorizarlos.

Veamos otros ejemplos:

No sé qué hacer, a veces quiero continuar con la relación, pero cuando peleamos mucho prefiero irme, por eso es que a veces me ves bien con tu papá (o mamá) y otras veces me ves enojada(o) o triste.

En una ocasión en que tu mamá (o papá) estaba muy enojada(o) me corrió de la casa, por eso tomé mis cosas y me fui, pero después lo pensé con más calma, preferí regresar y tratamos de resolver nuestros problemas; sin embargo, las cosas entre nosotros siguen muy mal, por eso a veces nos ves enojados, y es probable que ahora sí nos separemos definitivamente.

Jamás hay que subestimar a los niños, por muy pequeños que sean. Cuando se les explica de manera clara una situación, la

llegan a comprenden con facilidad; además es algo que viven día a día y con lo que están completamente familiarizados.

> Hay que evitar el engaño y tratar de disfrazar las emociones como: "Estoy llorando porque tengo una basurita en el ojo". "Le grité a tu mamá porque estoy muy presionado en el trabajo". "Estoy triste por la enfermedad de tu abuelita". Siempre es mejor una explicación veraz y sincera.

Para un niño resulta relativamente fácil de entender que su papá le diga que a pesar de que su mamá ya está casada con otro hombre y que tienen hijos juntos, él sigue enganchado con ella, y que no ha podido olvidarla. O la mamá que le comenta a su hijo que a pesar de que su papá se fue de casa, ella sigue ligada emocionalmente con él y que le lastima saber que no le interesa regresar con ella. El niño lo comprende porque son emociones congruentes.

> Lo que resulta muy difícil de entender y que además les causa mucho daño a los hijos, es cuando los padres se aferran a situaciones patéticas y con actitudes destructivas. Tuve en mi consultorio a una mamá con sus dos hijos adolescentes, un joven de catorce y una niña de doce años de edad, todos muy afectados por una situación de divorcio pésimamente manejada. El papá era un hombre muy violento que maltrataba en exceso a su esposa y a su hijo. Cuando agredía al niño, la mamá

era indiferente, y por no contrariar a su esposo no hacía nada por defenderlo. Finalmente el papá se va de casa para vivir con otra mujer, y la mamá tiene dos intentos de suicidio. En el segundo intento se aventó por un despeñadero y resultó con múltiples fracturas, lo que tuvo como consecuencia un extenso historial médico. Lo peor del caso es que ella le habla todos los días al exesposo para rogarle que regresara a su lado, cuando el señor ya tiene otra familia. Como es lógico, el joven de catorce años está sumamente enojado con su mamá por su forma de actuar y por la poca dignidad que ha mostrado; también está muy molesto por el maltrato que él y su madre recibieron, lo cual le hace sentir odio hacia su papá, y no comprende cómo es posible que su mamá le llore y le ruegue que regrese. La ve como una estúpida y no puede sentir respeto por alguien que no se respeta a sí misma. Además, ahora él trata a su mamá de la misma manera en que lo hacía su padre: la agrede, le habla con groserías y no la obedece. En psicología esto se conoce como identificación con el enemigo; es decir, para que el enemigo no le resulte tan amenazante, comienza a actuar de la misma manera que él. Por su parte, la hija de doce años dice que debido a que todos están tan preocupados con sus pleitos, ella tiene libertad de hacer lo que le plazca. Ha bajado brutalmente su rendimiento en la escuela y se ha vuelto muy rebelde. Nadie se ocupa de ella, a pesar de que está en una edad en la que necesita de total atención y supervisión. Si las cosas no cambian de manera radical para esta niña, en mi experiencia, le auguro una de dos circunstancias en un futuro muy próximo: un embarazo adolescente, consumo de drogas o ambas.

Es natural que exista daño emocional en los padres durante el proceso de separación, y lo recomendable es que lo trabajen antes de hablar del tema con sus hijos. Lo que no es correcto es que los hijos, que de por sí ya están en una situación muy vulnerable, sean quienes paguen las consecuencias de los errores de sus padres.

Tiempos

Al hablar de tiempos me refiero al momento en que la pareja decide concretar la separación o el divorcio, así como la anticipación con que se debe hablar sobre el tema con los hijos.

Considerar la variante del tiempo en la versión sobre la separación es fundamental: es imposible mandar un mensaje definitivo si aún no existe un esquema definido; es decir, será complicado manejar tiempos y formas con los niños, si ni siquiera los padres tienen claro y definido el asunto. Lo que se recomienda es transmitir un esquema claro de indefinición, informar que existen problemas en la pareja, la situación en la que se encuentran y la posibilidad de una separación, aunque no se sepa bien a bien cómo y cuándo se concretará.

¿Cuándo es conveniente comenzar a plantear a los hijos la separación? No es conveniente hablar de la separación con demasiada anticipación, puede convertirse en un suplicio para los hijos y, además, perder credibilidad la versión de sus padres. He escuchado a muchos niños y jóvenes decir: "Mis papás han hablado tantas veces de separarse, que ya no les creo nada", "Yo no sé qué esperan mis papás para divorciarse, se llevan fatal y tienen años diciendo que se van a separar".

No es conveniente hablar con los hijos sobre la separación con demasiada anticipación, dado que pueden convertir este proceso en un suplicio y los padres corren el riesgo de perder credibilidad.

Existen muchas parejas que por diversas razones, ya sea por pleitos, lucha de poder, cuestiones legales, económicas o por la simple afición de fastidiar, continúan juntos aunque su relación ya haya terminado, lo cual puede llegar a ser muy confuso para los hijos. Por eso, reitero la importancia de verbalizar la situación. Una explicación ayuda a aclarar las cosas y a reducir la carga de ansiedad.

Por ejemplo:

Hijo, tu papá (o mamá) y yo hemos decidido separarnos desde hace mucho tiempo, en realidad ya no tenemos una relación de pareja, pero no se ha ido de la casa todavía porque no ha encontrado un lugar fijo adónde mudarse.

Así, para los hijos será muy fácil entender la razón por la cual sus padres no se dirigen la palabra, duermen en habitaciones separadas, son indiferentes, continúan los pleitos o cualquiera que sea la situación entre ellos.

Cuando hablamos de la anticipación para anunciar la separación de los padres es importante considerar la edad del hijo. Para un niño de dos años o menor, es mucho tiempo avisarle con más de un mes de anticipación. En cambio, para un niño mayor de seis años un mes será muy poco tiempo para que pueda ir haciendo sus propios acomodos mentales y emocionales.

En el tema de los tiempos, es fundamental tomar en cuenta algunos factores que pueden ser importantes antes de planear cualquier movimiento de separación. Esto puede llevar, por ejemplo, a posponer la separación por motivo de fechas importantes, como puede ser el cumpleaños del niño, su primera comunión, el inicio de clases (lo cual les genera mucha ansiedad), vacaciones, etcétera. Sin embargo, la contraparte de esto es tener cuidado para evitar postergar por mucho tiempo la situación, dado que siempre habrá fechas y ocasiones importantes que pueden servir como pretextos. Cuando los papás comienzan a jugar aplazando la fecha de la separación y alargando los tiempos, generan mucha angustia en los hijos y sólo estarán prolongando su agonía. Imaginemos el caso de una pareja cuyo plazo inminente para separarse es el mes de septiembre, y los hijos están al tanto. Pero no se habían percatado de que uno de sus hijos cumple años en octubre, su primera comunión es en noviembre y luego vienen las vacaciones de Navidad y Año Nuevo. Así que deciden posponer la fecha de su separación para el mes de enero del siguiente año. Sin embargo, de pronto se dan cuenta de que en ese mes es el Día de Reyes y en febrero es el cumpleaños de su otro hijo, así que deciden que marzo será la mejor fecha para la separación definitiva. Esta situación, más que darles tranquilidad a los hijos, se convierte en una tortura.

5. LO QUE SE DEBE CUIDAR

Como parte del proceso de separación, los padres deben estar preparados para algunas reacciones de sus hijos que de cierta forma pueden considerarse como naturales, como ya hemos dicho, es una etapa que les genera gran angustia y que los lleva a cuestionarse muchas cosas. Estas reacciones abarcan aquellas que son más adecuadas y otras que son menos deseables.

Los hijos, con el propósito de evitar que sus padres se separen, suelen echar mano de cualquier recurso que esté a su alcance, algunas veces, incluso, recurren a enseñanzas o argumentos que sus propios padres les han transmitido. Por ejemplo, pueden repetir frases como: "Hablando todo se resuelve", "Siempre hay que perdonar", "El único problema que no tiene solución es la muerte", "El amor todo lo puede", "Hay que evitar pelear", "Hay que tener paciencia y tolerancia", "Tenemos todos los recursos internos para resolver cualquier problema", "No hay imposibles", etcétera. La mayoría de estas frases consisten en mensajes positivos que en diferentes circunstancias los padres suelen decir, ya sea directa o indirectamente. Para el niño podría parecer una contradicción y hasta ilógico de cierta manera, que sus padres no apliquen en su vida todos esos mensajes que se han esmerado en transmitirle.

> *Los padres deben ser muy cuidadosos para que en ese momento de crisis no envíen mensajes opuestos e indeseables a lo que quieren inculcar en sus hijos, como por ejemplo: si tienes un problema, renuncia a resolverlo y huye; hay cosas que no se pueden perdonar; el odio es más fuerte que el amor, entre otros. Hay que evitar mandar mensajes negativos en el sentido de darse por vencido, de no ser perseverante, de desconfianza, de poco amor propio, de incapacidad.*

Revisemos algunas reacciones que suelen ser comunes con los hijos durante el proceso del divorcio y las recomendaciones para que los padres puedan estar preparados y tengan herramientas para enfrentarlas adecuadamente.

Ya hicimos todo por arreglar las cosas

Es muy natural que ante la separación de sus padres, el niño busque toda clase de alternativas y propuestas para evitar que ocurra. Como mencionábamos, es muy posible que saque a colación argumentos que sus mismos padres le han mencionado en otras circunstancias como una enseñanza, y que entonces los utilice para sugerirles que los apliquen para resolver sus problemas.

Cuando los hijos comienzan a hacer propuestas de alternativas para reconciliar a sus padres,
lo más conveniente es decirles que ya se han
hecho todos los esfuerzos posibles para lograrlo.

Algunos comentarios de los hijos que pueden ser frecuentes son:

*Mamá, papá, si hablando todo se resuelve, ¿por qué ustedes
no platican y arreglan sus problemas?*

*Cuando me peleo con mis hermanos ustedes me han dicho
que debo ser tolerante y aprender a perdonar, ¿por qué ustedes no lo hacen?*

*Ustedes me han enseñado que todos los problemas tienen solu-
ción, así que sus problemas también deben tener algún arreglo.*

También es muy común que, dependiendo de la edad, los hijos
propongan alternativas de solución, ya sea basadas en su propia
experiencia o que tengan conocimiento de ellas por comentarios de otras personas o por los medios de comunicación. Como,
por ejemplo, en los siguientes casos:

¿Por qué no van a terapia?

Pidan ayuda.

Hagan un intento más.

¿Por qué no perdonas a mi papá (o mamá)?

Váyanse de viaje solos.

Es muy importante tener empatía con la angustia y desesperación del niño, y comprender que pretende ayudar a sus padres. Nunca hay que tomar a la ligera sus comentarios en este sentido, porque es probable que el niño se sienta responsable de solucionar la situación de sus padres.

En este caso, lo más conveniente es decirle al niño que han hecho un trabajo previo a la decisión de separarse, que ha sido un proceso que ha tomado su tiempo y que han intentado todo lo posible por arreglar sus problemas; incluso es conveniente mencionar algunas acciones específicas, como informarlo que ya fueron a terapia de pareja, que han trabajado mucho, tomado cursos o pláticas, tenido largas conversaciones, hecho acuerdos, promesas de cambiar, etcétera. Se debe evitar sobreinformar, dado que no hay necesidad de entrar en detalles, únicamente se mencionan las actividades que se han hecho en el intento por rescatar la relación con el propósito de tranquilizar al hijo, haciéndole saber que ya han hecho su mayor esfuerzo por solucionar su situación, que después de todo ello se han dado cuenta de que la mejor alternativa es separarse, y que precisamente la separación es la solución más adecuada que han encontrado a sus problemas y al bienestar de toda la familia. Claro está, como una decisión madura, como corresponde a las personas adultas, y sin pedir su parecer ni su opinión a sus hijos.

Páginas atrás comenté el caso de una mujer que hizo todos los intentos por que su esposo cambiara y que así mejorara su relación de pareja.

Le pidió que le prestara más atención, que le dedicara más tiempo, que tomaran terapia de pareja, pero como no veía un cambio en él, le dio un ultimátum. Cuando llegó la fecha pactada y él no había mostrado ningún cambio, ella le dijo que quería separarse. Entonces, él le pidió más tiempo y ella se lo otorgó, pero él continuó sin demostrar ningún interés por la relación y, finalmente, después de años de hacer múltiples intentos, ella le comunicó que quería el divorcio. Después tuve oportunidad de tratar en terapia al hijo más joven de esta pareja, un muchacho de catorce años de edad, a quien su mamá oportunamente le había informado cuáles eran las razones de la separación y todos los esfuerzos que había hecho por tratar de arreglar la relación con su papá, y con mucha tranquilidad el joven me comentó que entendía que sus padres se divorciaran, que sabía que su mamá había hecho todo lo posible por arreglar las cosas y que nada había funcionado, por lo que estaba consciente de que no había más por hacer.

Aquí, insisto, hay que tener cuidado de no hablar mal de la pareja ni de culparla por los problemas, lo cual es muy común cuando alguno de los padres no está de acuerdo con la separación. Al tomar una posición ofensiva se suele lastimar a los hijos: ellos piensan que uno de sus padres es víctima y el otro es victimario, lo cual genera mucho coraje contra quien creen culpable. Es mejor poner las cosas en claro, pero sin acusar al otro, sin etiquetar a un padre como *el bueno* y al otro como *el malo*.

Una situación muy habitual es que la mujer ya no quiera seguir la relación con el esposo y le pida que se vaya de la casa. Entonces, supongamos que en un estado emocional muy afectado, el papá le dice a sus hijos: "Me voy de la casa porque su mamá ya no me quiere y me corrió". Imaginemos lo que sentirían los hijos ante un panorama de este tipo y lo que llegarían a pensar de su mamá. Lo más probable es que los hijos se queden a vivir con ella, por lo tanto, los dejará viviendo con quien creen que es una mala persona. Es claro que la relación se convertirá en un martirio, gestando sentimientos de coraje, resentimiento e impotencia, que fácilmente se hubieran podido evitar.

> Debemos entender que, en el afán de proteger a los hijos, habrá muchas cosas que será mejor guardarnos.

Papá y mamá siempre te querrán

Para los padres es una realidad indiscutible que la separación y el divorcio no repercuten en lo absoluto en el amor que sienten por sus hijos. Sin embargo, es probable que, por su parte, los hijos no estén tan seguros de esto. Por ello, es necesario que los padres hagan énfasis en que el tipo de relación que existe entre papá y mamá es muy independiente del cariño que les tienen a sus hijos.

Los niños deben tener la certeza y la claridad de que sus padres los seguirán queriendo a pesar de lo que pueda suceder entre ellos. Sería conveniente mencionarles que siguen siendo un equipo o una familia a pesar de la separación.

Este tema es de vital importancia, ya que los niños pueden tener una concepción muy diferente de lo que debe ser el amor *real* de los padres hacia los hijos. Por ejemplo, un niño puede pensar que si su madre o su padre realmente lo amaran, jamás lo dejarían, nunca pensarían en abandonar el hogar, mucho menos dejarían de buscarlo o de verlo. Esto, a los ojos de un niño, puede ser una muestra de falta de amor: para él no tiene sentido ni justificación que se dé ese alejamiento, no entiende de asuntos legales, de pleitos entre adultos, de la posible existencia de otra familia.

> *Los hijos deben tener certeza y claridad de que el amor que sus padres sienten por ellos no se verá afectado ni disminuirá con la separación.*

Para un hijo siempre es necesario confirmar que sus padres lo aman, no sólo a través de hechos, dado que para los niños es difícil valorar el amor de esta manera.

> Para saberse amado, un niño necesita ser escuchado. Con más razón en el momento de la separación o el divorcio de los padres, que es cuando está más vulnerable y siente el temor de que lo dejen de amar.

Por ese motivo, es recomendable reforzar las expresiones de amor durante el proceso de la separación.

Por ejemplo:

Hijo, sabes que tu papá (o mamá) y yo te amamos desde el instante en que sabíamos que ibas a nacer y lo haremos por siempre.

Hijo, el hecho de que papá (o mamá) y yo nos hayamos dejado de amar no tiene nada que ver con el amor que cada uno de nosotros sentimos por ti.

Te amo, hijo, nada ni nadie podrá cambiar nunca lo que yo siento por ti.

Evitar falsas promesas

Este tema se refiere a que nunca se debe prometer a los hijos lo que no se tiene la seguridad de poder cumplir. Es muy importante enfatizar esto porque el momento de la separación genera gran ansiedad en los hijos y para tranquilizarlos es frecuente que los padres hagan ofrecimientos que, de antemano, saben que será muy difícil llevar a cabo.

Hay que tener presente que en diversas ocasiones, los mismos asuntos legales del divorcio, restringen a los padres en tiempo y forma para poder ver a sus hijos. En esos casos, siempre es mejor hablar con claridad sobre la situación, sin necesidad de sobreinformar.

Por ejemplo:

Ahora que me vaya de casa, me encantaría poder verte todos los fines de semana, pero mientras tu mamá (o papá) y yo arreglamos nuestros problemas, tal vez eso no sea posible por un tiempo (en lugar de ofrecer verlo todos los fines de semana). Cada que tenga oportunidad y que mi trabajo me lo permita, voy a pasar a recogerte a la escuela (en vez de prometerle pasar a buscarlo todos los días).

No depende de mí el poder verte, pero haré lo que esté en mis manos para que sea lo más frecuente posible.

También hay que evitar hacer promesas que les lleven a formarse falsas ilusiones, como:

En mi nuevo departamento tendrás tu propia recámara, con televisión de plasma y todos los videojuegos que te gustan. Cada fin de semana que me toque verte te voy a llevar de vacaciones a la playa.

En algunas ocasiones, el papá o la mamá sí tienen la más firme intención de cumplir sus promesas, pero dejan de considerar factores externos como puede ser una nueva pareja, cuestiones económicas, problemas legales, entre otros, que llegan a convertirse en obstáculos que impiden concretar las promesas.

> *Ante la incertidumbre de cómo van a funcionar las cosas una vez que los padres se separen, es mejor reconocer ante los hijos que se ignora lo que va a suceder y qué dinámicas se podrán establecer.*

La mayoría de las veces hay incertidumbre sobre cómo van a funcionar las cosas después de la separación, pero siempre será mucho mejor decir: "No sé qué va a pasar", en vez de dar falsas promesas. Es mucho más tranquilizador para un niño que el papá o la mamá le explique que por el momento no sabe en dónde va a vivir, cuántos días a la semana lo podrá ver, si podrán pasar algunos fines de semana juntos.

Finalmente, no importa tanto si vas a ver a tu hijo tres veces por semana, sólo los fines de semana o cada quince días, ni siquiera es tan importante si únicamente lo vas a ver una vez al mes, lo que es fundamental es que cumplas lo que le prometes y que seas constante. Claro está que mientras haya más presencia y se tenga un contacto más recurrente y cercano, los hijos estarán mejor. Menciono esto, sobre todo, porque para los niños es una decepción brutal que su papá o su mamá se comprometan a verlo y los dejen esperando. Es una de las afectaciones más delicadas y difíciles de superar, los hace sufrir tremendamente.

> Ningún pretexto justifica que dejes a tu hijo esperándote, menos aquellos que no son verdaderos o que agreden su inteligencia.

Los hijos no son culpables

Quizá este tema sea el que más reiteradamente se trabaja con los padres de familia en proceso de separación. Es muy importante que los hijos tengan claro que no son culpables ni responsables de la separación de sus padres.

Incluso, cuando los hijos sí hayan influido en la decisión de separación, lo cual puede llegar a ser bastante frecuente, no es conveniente que ellos estén enterados, porque la culpa que llegan a sentir es enorme, y de cualquier forma es una responsabilidad de los padres no haber sabido manejar la situación.

El tema central por el que pelean muchas parejas es por los hijos. Es muy común, por ejemplo, que uno de los padres no esté de acuerdo con la forma en que su pareja trata o educa a los hijos, lo cual genera diferencias y discusiones permanentes que muchas veces terminan en separación y divorcio.

Tuve en mi consultorio el caso de una pareja que asistió a terapia porque querían que los ayudara en su proceso de separación. Ellos ya habían tomado la decisión de divorciarse por una gran cantidad de problemas que tenían, pero cuando comenzamos a profundizar en su situación, nos dimos cuenta de que en realidad no había ningún conflicto real e importante entre ellos, y que su único problema era su hija, quien se comportaba como una tirana, maleducada y voluntariosa. Cuando se percataron de esto, les propuse trabajar primero con la niña a través de ellos y después con el tema de la separación. Al terminar las terapias de orientación del manejo de la niña, que dio como resultado un cambio radical en su actitud y en su comportamiento, los papás se dieron cuenta de que ya no existía ningún problema significativo en su relación. Ya hace cuatro años que terminamos la terapia y ellos continúan juntos y felices.

> Cuando el problema central de la pareja son los conflictos con un hijo u ocasionados por un hijo, nunca es conveniente que se le haga saber. Entendamos que finalmente es una responsabilidad de los padres.

Cuando los padres plantean a los hijos su separación, es común que se sientan culpables, sin ninguna razón, y esto es una carga muy fuerte para ellos. Más aún si en algo han contribuido al distanciamiento y separación. Algunos hijos preguntan a sus papás: "¿Se van a separar porque yo me hago pipí en la cama?", "¿Es por mi culpa?, ¿porque no obedezco?", "¿Es porque peleo mucho con mi hermano?". Los niños tienden a asumir la responsabilidad.

Otro motivo de discusiones entre la pareja relacionado con los hijos son los constantes reproches y reclamos por el tiempo que uno de los padres les dedica. Hay niños que llegan a suplicar: "Mamá, no importa que mi papá trabaje tanto y que no tenga tiempo de jugar conmigo, pero que no se vaya, por favor".

Cuando insisto en que hay que ser muy claros con los hijos acerca de que ellos no son culpables de la separación de sus padres, no me refiero a ser muy obstinados en repetírselos constantemente, pues es bien sabido que "explicación no pedida, acusación manifiesta". Es decir, tanto insistes en que no es culpable, que lo haces sospechar que tal vez sí lo sea, y hasta puede resultar contraproducente. Hay que tener cuidado con esto y, como en todo, no exagerar.

Para evitar que los hijos se sientan culpables por la separación de sus padres, es tarea de los adultos hacer todo lo posible para que esto no ocurra. Un ejemplo de un mensaje, natural y tranquilo en este sentido sería:

Hijo, quiero que tengas muy claro que tú no tienes ninguna culpa relacionada con esta separación. Es una decisión de adultos, nuestra responsabilidad y el resultado de nuestros propios errores.

Los hijos no pueden hacer nada por mantenerlos juntos

Este tema no es tan manejado tradicionalmente por los especialistas, pero en mi experiencia creo que resulta un asunto de suma importancia.

> *Para evitar que los hijos comiencen a idear estrategias, conscientes o inconscientes, para reconciliar a sus padres, ellos deben de tener claro que es una separación definitiva y que ellos no pueden hacer nada por mantenerlos juntos.*

Me he encontrado con muchos niños que al enterarse de la separación de sus padres o cuando éstos ya se separaron, se esfuerzan de mil maneras por mantenerlos juntos, a veces a través de

conductas o actitudes muy poco deseables. Por ejemplo:

Comienzan a comportarse pésimamente mal, lo cual no significa que estén afectados por el divorcio, sino que cuando se comportan de esa manera sus papás les ponen una atención especial.

Hay niños tan astutos que tienen malas conductas porque saben que al hacerlo, el director de la escuela mandará llamar a mamá y a papá para hablar con ellos, y su único propósito es provocar un encuentro. Otro caso es el niño que se da cuenta de que cuando desobedece a su mamá, ella le llama por teléfono a su papá para acusarlo, y esto provoca que pasen un rato conversando acerca de él. También está el caso del niño que se percata de que cuando está enfermo, su papá va de inmediato a casa para visitarlo, y así, ya sea consciente o inconscientemente, provocan situaciones que consideran convenientes.

Otros pequeños muestran comportamientos que antes no tenían, como hacerse pipí en la cama, tener miedos e inseguridades, bajar sus calificaciones, pelear con los hermanos, etcétera. E, insisto, es una situación que muchas veces, evidentemente no todas, los niños utilizan para ver juntos a papá y a mamá, más que por la afectación en sí.

Hay casos en los que el niño de pronto comienza a exigir la presencia de su papá, que ya no vive en casa: "Es que quiero que mi papito me duerma. Quiero que mi papito venga". Entonces, el papá que ya no entraba a su casa, ahora tiene que ir para ayudar al niño a dormir.

La mayoría de las veces, todas estas actitudes inapropiadas de los niños tienen como único propósito, en su deseo, lograr la reconciliación de sus padres. Sin embargo, más que parecer algo gracioso y ocurrente, puede llegar a desencadenar serios problemas.

Como el caso de un niño que actualmente tengo en consulta, quien ha tenido frecuentes fracturas de huesos. A través del trabajo que hemos hecho, nos hemos dado cuenta de que lo hace con el propósito de ver a sus papás juntos. No es que lo haga adrede, sino que es una estrategia inconsciente. Desde que sus papás se separaron, en tres años ha tenido cinco fracturas, sin que exista un antecedente médico que lo provoque. Lo que sucedió fue que la primera vez que tuvo un accidente que le causó una fractura en el brazo, este niño se dio cuenta de que inmediatamente apareció su papá en el hospital y que pasó mucho tiempo al lado de su cama, además de acompañar y apoyar a su mamá, e hizo una programación inconsciente en su cerebro: "Cuando tengo una fractura, mis papás se reúnen y se apoyan, y yo quiero que mis papás estén juntos, por lo cual debo fracturarme más frecuentemente". Una programación realmente muy peligrosa.

Por todo esto, es fundamental que el niño tenga perfectamente claro que no depende de él la reconciliación de mamá y papá, haga lo que haga, sino que es una decisión de adultos, bien pensada y definitiva. No es algo que ellos puedan cambiar.

> *Es de gran ayuda que los padres cierren filas a través de la comunicación entre ellos para que los hijos no encuentren una grieta por la cual colarse. Deben estar conscientes de que también puede ser una actitud recurrente del hijo utilizar cierta información para ocasionar conflictos entre sus padres, haciendo comentarios desagradables, acusatorios o críticos de uno de ellos.*

En ocasiones hasta llegan a inventar o a exagerar la información, incluso pueden mentir sobre situaciones que llegan a generar disgustos y problemas mayores entre los padres.

Por ejemplo:

La niña que le dice a su mamá: "Mamá, mi papá me pegó sin ninguna razón", "Mamá, la esposa de mi papá me gritó delante de todos", "Mi papá me castigó todo el fin de semana por culpa del hijo de su esposa", etcétera. O, por ejemplo, el niño que le dice a su papá: "Papá, qué bueno que este fin de semana voy a estar contigo, porque desde que te fuiste mi mamá ya no nos hace caso y todo el tiempo está con su teléfono", "Desde que mi mamá tiene novio ya no nos ayuda a hacer la tarea ni nos acompaña a cenar".

Todos estos comentarios pueden generar problemas importantes que desencadenen conflictos mayores. Lo que se sugiere es que, en la medida de lo posible, los padres se encuentren en contacto permanente y tengan una comunicación continua para evitar que este tipo de situaciones ocurran.

> *Tengo el caso de una niña de cinco años que un día le dijo a su papá que el novio de su mamá la había tocado de una forma inapropiada (refiriéndose a una intención sexual). A su vez, a su mamá le dijo que su papá la había tocado. Como es natural, esto desencadenó una guerra de reclamos entre los padres. Finalmente, todo se pudo aclarar cuando la niña repitió la misma acusación, quejándose con su maestra de que el maestro de deportes la había tocado; y luego con la directora de la escuela, de que la propia maestra la había tocado. Obviamente nada de esto había sido cierto, pero el problema que la niña estaba gestando era inmenso e implicaba de manera muy delicada a muchas personas, todo con la intención de llamar la atención.*

Por ello, comentaba, la comunicación que se establezca entre los padres es crucial para evitar este tipo de situaciones. Es muy deseable que ante cualquier comentario aparentemente dudoso del hijo, primero averigüen si puede haber alguna intención oculta que lo lleve a tergiversar la información.

Por el bienestar de los hijos es importante que se busque coincidir en el tema de la educación, en lo que se refiere a límites, reglas, estructura, rutina, permisos y consecuencias. Es muy

común que cuando los papás están separados,
los temas relacionados con la formación de los
niños se vuelven complicados.

Es una realidad en muchas familias, aun cuando los padres están juntos, que haya diferencias en cuanto el estilo o las formas de educar. Resulta ser un tema más complicado cuando los padres están separados y, peor aún, cuando existe una lucha de poder entre ellos. Contraponerse o contradecir al otro puede convertirse en un instrumento de agresión.

Es recomendable que los hijos sepan que papá y mamá están en contacto y que seguirán viendo por ellos como sus padres. Mientras más coincidan en la educación, más seguridad, certeza y apoyo les darán a los hijos.

Las dudas de los hijos

Una vez que los padres han dado su versión sobre la separación, si los hijos continúan teniendo dudas, es correcto y hasta deseable que hagan las preguntas necesarias hasta que estén tranquilos y tengan claridad sobre la situación.

Muchos padres se inquietan por las constantes preguntas de sus hijos, como por ejemplo, "¿Por qué se separan?", "¿Cuándo se va mi papá?", "¿Algún día van a contentarse?", piensan que es un síntoma de desazón, disgusto o inconformidad por parte de ellos, cuando es perfectamente natural y hasta deseable.

Es correcto que los hijos sigan haciendo preguntas, después de que los padres ya les han comentado varias veces sobre su separación, es recomendable seguir aclarando sus dudas para entender la situación.

Sin embargo, cuando el niño no hace preguntas, no necesariamente significa que esté bien o que comprenda correctamente lo que está pasando con sus papás, también puede ser un síntoma de que tiene tanta confusión, que ni siquiera sabe qué o cómo preguntar. Por ello, es recomendable que una vez que los padres hayan hablado con los hijos sobre la separación, dejen pasar algunos días para que hagan sus acomodos mentales, observar su reacción y después explorar si tienen dudas o preguntas. Además, el hecho de que pregunten puede tener implicaciones positivas. Por ejemplo, dejarán entrever que le tienen confianza a sus padres o al menos a uno de ellos, que pueden hablar de lo que sienten y piensan, que tienen la capacidad para verbalizar, que se puede saber qué está pasando por su cabeza, que permita aclarar cosas y asuntos que de otra manera los padres no podrían saber que están generando malestar o confusión.

Es falsa la creencia de que cuando los niños siguen preguntando es porque están muy afectados, sino que es el camino correcto para evitarles ansiedad.

Una buena comunicación entre los padres

Dos regalos maravillosos pueden darle los padres a sus hijos con la separación. Uno, como hemos dicho, es que tanto mamá como papá estén bien emocionalmente; y dos, que sus papás se lleven bien entre ellos.

Siempre que sea posible, es muy recomendable que durante y después de la separación los padres procuren mantener una buena relación entre ellos: es un elemento que genera una gran tranquilidad en los hijos. Se convierte en uno de los más valiosos mensajes de madurez, respeto, perdón y amabilidad que se les puede transmitir. Muy difícilmente un padre podrá exigirle a su hijo que no pelee con sus hermanos o con sus compañeros de la escuela si ve que sus papás se la pasan de la greña, insultándose y aprovechando todas las oportunidades para fastidiarse uno al otro. Ya hemos comentado que para educar se requiere congruencia.

> El mejor regalo que los padres pueden dar a sus hijos, después de la separación, es mantener una relación amable y respetuosa.

Esto no significa que una vez separados los papás deban ser amigos y tener una relación cercana, tampoco quiere decir que estén de acuerdo con todo lo que ha pasado entre ellos, se refiere únicamente a tratarse con amabilidad, respeto, cordialidad y llevar una relación tranquila.

Es comprensible que para muchas personas la sola idea de tener una buena comunicación con su expareja sea absurda.

En estos casos, lo deseable sería que como mínimo trataran de suavizar la relación y hacerla lo menos tensa posible, evitando discusiones y conflictos. Si la tensión es demasiado grande, pueden recurrir a comunicarse a través de mensajes escritos o correos electrónicos, lo cual permite decir todo lo que se tiene que comunicar sin necesidad de hacerlo en frente de los hijos y de mala manera.

Muchos padres toman la decisión de separarse por no afectar a sus hijos con tantos problemas entre ellos. Entonces, lo lógico sería que una vez separados ya no existiera tal afectación. De otra manera, me pregunto, ¿cuál sería el sentido de la separación?

La tranquilidad que les genera a los hijos saber que sus padres, después del divorcio, tienen una buena relación es tan grande, que francamente me atrevería a decir que a corto y largo plazo hasta lo agradecen.

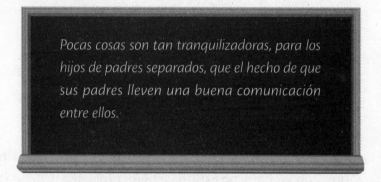

Pocas cosas son tan tranquilizadoras, para los hijos de padres separados, que el hecho de que sus padres lleven una buena comunicación entre ellos.

Evitar confusiones sobre el tipo de relación entre los padres

Continuando con el tema de lo conveniente que es que los padres tengan una buena relación después de separarse, es importante mencionar que hay una línea muy delgada que puede ser muy fácil de atravesar y que puede generar confusión en los hijos. Me refiero concretamente a que en un intento por tener una buena relación, las exparejas pueden llegar a tener una convivencia muy estrecha y cariñosa, salir juntos con los hijos, tener gestos amorosos y hasta llegar a viajar y dormir juntos.

Cuando los padres tienen muy clara su situación y saben perfectamente que no desean continuar juntos como pareja, este tipo de convivencia tan cercana e íntima es perjudicial para los hijos, no por el hecho en sí de que salgan juntos y tengan una excelente relación, sino porque les da poca claridad y muy probablemente incrementen de manera considerable su fantasía y deseo de verlos juntos. Es mejor evitar tanta cercanía porque les da esperanzas que no tienen ningún fundamento.

> Existe una línea muy delgada entre una buena relación de los padres y turbar a los hijos. Tanta cercanía podría confundir a los hijos y crear falsas expectativas.

Si los padres mantienen una relación cordial entre ellos y deciden salir juntos con los hijos, no existiría ningún problema ni debería causarles confusión, si ellos tienen perfectamente entendido que no hay ninguna posibilidad de reconciliación y los padres son congruentes. Sin embargo, cuando tienen gestos amorosos, como tomarse de la mano, besarse o hablarse cariñosamente, entonces tal vez sea conveniente aclararles a los hijos, si es que fuera el caso, que están intentando reconciliarse o ver si es posible que la relación vuelva a funcionar, para que puedan entenderlo. Es decir, no se considera conveniente incrementar las esperanzas en los niños cuando la relación no da para eso.

> *Los padres pueden llevarse lo bien que quieran, pero con la claridad de que es sólo eso. Se trata de tener una buena relación sin posibilidades de que vuelvan a ser pareja.*

He sabido de papás divorciados que después de salir juntos un sábado, papá entra a la casa, duerme a los niños, y al siguiente día, ven salir a papá de la habitación de mamá en ropa interior, como cuando estaban juntos. Eso crea confusión y las falsas expectativas en los hijos.

Otra situación que les causa mucha confusión es cuando los padres salen juntos, en un intento por llevarse bien, pero siguen peleando y haciéndose reclamos. Por ejemplo, él sigue siendo controlador con ella, le critica su forma de vestir, la cela; ella le reclama sobre la nueva pareja de él o el poco gasto que da para sus hijos, etcétera. Esto me parece una actitud terriblemente enferma y altamente dañina para los hijos. En este caso, no había ninguna ventaja de la separación y peor aún, no habría ninguna ventaja de que salieran juntos.

Mientras haya claridad con los hijos sobre la situación de los padres y de verdad sea una relación cordial y respetuosa, no existe ningún problema de que salgan juntos. En cambio, sí lo hay cuando sucede lo contrario.

La expareja con los hijos

Después de la separación, es muy importante que cada uno de los padres reformule su propio vínculo con sus hijos y que la expareja se mantenga al margen de ello.

¿A qué me refiero? Independientemente del tipo de relación que la expareja tenga con los hijos, ya sea buena o mala, cercana o distante, es su asunto y el otro no tiene ninguna responsabilidad ni injerencia en eso.

Un ejemplo muy frecuente es:

> *El papá no va a ver a su hijo con regularidad, por lo que la mamá le llama todo el tiempo para reclamarle o para insistirle que vaya. En otros casos, utilizan al mismo hijo para intervenir: "Dile a tu papá que quieres verlo más seguido", "Exígele a tu papá que llegue temprano por ti", "Le pides a tu papá que te compre zapatos, y no vayas a llegar sin zapatos nuevos, porque yo no tengo por qué comprártelos", "Dile a tu mamá que no quieres verla con ese novio que tiene, que aprenda a respetarte". Este tipo de actitudes sólo tienen el propósito de influir en la vinculación de la expareja con los hijos.*

Es responsabilidad de cada uno de los padres la relación que tenga con sus hijos. Algunas actitudes correctas para evitar hacerse cargo de compromisos ajenos, serían los siguientes ejemplos:

"Mamá, no me gusta salir con la nueva pareja de mi papá".
"Pues díselo a tu papá, hijo, ¿yo qué puedo hacer con respecto a eso?".

"Papá, dile a mi mamá que no me regañe tanto".
"Hijo, yo no puedo decírselo, habrá que ver cuáles son sus razones".

"Papá, ¿por qué mi mamá ahora sale todas las tardes?".
"No sé, hijo, pregúntale a ella, y si eso no te gusta, pues díselo".

"Mamá, ¿por qué mi papá no llega por mí?".
"No sé, hijo, si quieres márcale por teléfono para preguntarle".
"Pero es que se enoja si el pregunto".
"Entonces no lo hagas, hijo".

Este tipo de comportamiento, además, estimula el desarrollo de una gran habilidad en los hijos, que es aprender a hablar y a comunicar lo que sienten y piensan, y comienzan a darse cuenta de que callar tiene un precio.

Problemas después de la separación

Después de la separación los padres deberán adaptarse a un nuevo estilo de vida y a diferentes dinámicas con los hijos, lo cual puede representar ciertos retos, que varían entre el padre y la madre, dependiendo no sólo de los acuerdos que se hayan tomado, sino también dependiendo de quién de ellos mantenga la custodia de los hijos.

El hijo tiende a idealizar al padre con el que no vive

La separación de los padres implica un acuerdo, ya sea personal o legal, para decidir quién de ellos tendrá la custodia de los hijos y se hará cargo de su crianza una vez que se haya roto el vínculo familiar. Aunque tradicionalmente es la madre quien obtiene la guardia y custodia de los hijos, cada vez son más los padres interesados en hacerse cargo de los menores y que pelean por ello.

Como resultado de esta situación, los hijos tienden a idealizar al padre con el que no comparten la vida cotidiana. La primera razón por la que esto sucede es porque cuando ven al padre con el que no viven, ya sea durante los fines de semana (o dependiendo de los acuerdos que se tengan con la expareja), éste buscará actividades destinadas a agradarlos y entretenerlos, fuera de la rutina diaria, y así puede convertirse en papá o mamá *Disney*.

Cuando los hijos están con el papá o la mamá con quien ya no viven (más adelante profundizaremos en la dinámica que suele darse cuando es la mamá quien deja el hogar), acostumbran visitar plazas comerciales y les compran cosas, van al cine o a ver espectáculos, los llevan a sus restaurantes favoritos, al parque, a los centros de diversión, entre otras actividades destinadas a divertirlos y entretenerlos, y así asocian la relación con ese padre con momentos de esparcimiento muy agradables; también es común que los lleven de viaje o que visiten la casa de los abuelos, en donde hay comidas familiares y conviven con sus primos, lo cual se puede convertir en fiestas de cada fin de semana.

Por el otro lado, al padre que mantiene la custodia le toca vivir la peor parte, pues el día a día de sus hijos consiste en disciplina, rutinas, obligaciones, orden y reglas. Hay que ir a la escuela, hacer la tarea, el tiempo para la diversión está restringido, hay que dormir y levantarse a cierta hora, alimentarse sanamente, lavarse los dientes, etcétera. Y, al final de cuentas, esto significa una gran desventaja al momento en que los hijos valoran y comparan la calidad del tiempo que pasan con cada uno de sus padres

Existe otra importante razón por la cual los hijos llegan a idealizar al padre con el que no viven cotidianamente, que en lo personal me parece triste, además de injusta. Cuando uno de los padres deja el hogar, inconscientemente los hijos lo perciben como una ausencia, un abandono, y nace en ellos la amenaza de que este desamparo pueda ser definitivo y para siempre. Para evitar que esto suceda real o imaginariamente, los hijos procuran agradarlo y presentarle la mejor cara de todas las maneras posibles, así como molestarlo lo menos que se pueda, y entonces muestran una actitud muy amable, un excelente comportamiento y obediencia absoluta. En cambio, con el padre con quien viven diariamente, sí llegan a sentir la confianza de tener un mal comportamiento, sin que exista el temor a ser abandonados. Es decir, en este caso, la constancia afectiva generada por el padre con el que se vive termina siendo un elemento que se puede revertir en contra, por sentirse seguros de su cariño. Claro está que no sería recomendable que se hiciera algo encaminado a que no se sintieran tan seguros del afecto que se les tiene. La certeza del amor es necesaria aunque tenga este ligero (y ni tan ligero) inconveniente.

Incluso, en casa llegan a externar la incomodidad y molestia que sienten por el otro padre, y que no pueden demostrarle y menos expresarse abiertamente. Esto se convierte en un gran fastidio; además de toda la situación que ha traído consigo la separación y el divorcio, el padre con el que viven los hijos se tiene hacer cargo de toda la rutina cotidiana de la que hablábamos y, encima de eso, aguantar las quejas de sus hijos hacia el papá con el que no viven.

Por ejemplo:

> Le tocará escuchar frases como: "Fui con mi papá a una comida, se la pasó bebiendo y ni caso me hizo", "Su nueva pareja es muy grosera conmigo", "No le intereso, se olvida de venir por mí o llega tarde".

Lo menos que se me ocurre es pensar que esto le pueda generar enojo y resentimiento con el padre, lo cual puede desencadenar en nuevos conflictos. De ahí que se recomiende evitar responsabilizarse de la relación entre ellos.

Adicionalmente, hay que tener cuidado con otra situación, que si bien no es lo usual, sí se ve con bastante regularidad. Me refiero a que el tipo de comportamiento de los hijos que se quejan del papá o de la mamá, también puede tener una tendencia a la manipulación, porque aprovechan para hacerse las víctimas y sacar ventaja del padre con el que viven, valiéndose de su decepción, de su disgusto o de su malestar para conmover y obtener ventaja de ello, porque es frecuente que los padres tengan la tendencia a compensar estas faltas. Así, después de quejarse, aprovechan para pedir algo, como por ejemplo: "¿Me compras un videojuego?", "¿Me llevas al cine?", y es muy difícil negarse.

Uno de los padres se lleva la peor parte

Como podemos ver, aparentemente el padre que se queda con la custodia es quien se lleva la peor parte en cuanto al trato con los hijos; además, es quien lleva el mayor peso en la responsabilidad, el cuidado, educación y actividades diarias.

Muchos padres ven esta carga como una injusticia y llega a generar una gran molestia y coraje. "Él está tan tranquilo y yo con toda la responsabilidad de los hijos", "Nuestros hijos eran un compromiso de dos, y ahora lo tengo yo solo", "Cuando llegan a enfermarse, él está dormido plácidamente en su casa, mientras yo tengo que desvelarme y sufrir sola".

Estas permanentes quejas suelen ir acumulando tensión y desesperación, lo cual, muy probablemente desencadene en uno o varios pleitos entre los padres, quienes después intentarán pasar facturas de manera inadecuada, como por ejemplo, exigiendo, reclamando, hostigando, hostilizando.

Sin embargo, aunque de cierta manera es una realidad que uno de los padres se lleva la peor parte, también es verdad que tiene muchas ventajas sobre la expareja, que resultan mucho más valiosas y satisfactorias, y que a la larga generan vínculos más estrechos con los hijos, como es la oportunidad de vivir el día a día y convivir con ellos en todas sus actividades y en todas sus etapas de desarrollo.

Precisamente y de manera curiosa, para el padre que deja el hogar lo más doloroso es no compartir con sus hijos las actividades de la vida cotidiana: acostarlos por la noche, despertarlos por las mañanas, meterlos a bañar, compartir los alimentos, llevarlos a la escuela, escuchar sus experiencias diarias, etcétera. Entonces, una aparente desventaja en realidad puede convertirse en una gran ventaja, dependiendo de cómo se perciba. Es difícil negar que sea la parte más difícil y desgastante, pero también tiene un lado muy gratificante.

Cuando mamá es quien se va

Incluso ahora que nuestra sociedad se ha transformado y se ha vuelto más tolerante en diversos aspectos relacionados con la familia y con la aceptación de nuevas estructuras de integración, se sigue condenando a la mujer que abandona a sus hijos.

> Nunca será visto de igual manera ni por la sociedad ni por los mismos hijos, que papá se vaya de casa, a que mamá sea quien lo haga. Es hasta natural que cuando una pareja se separa, el papá sea quien deje el hogar y que mamá se haga cargo de los hijos. Sin embargo, aunque no es lo común, por muy diversas circunstancias suele ocurrir que sea papá quien se quede al cuidado de los hijos.

Cuando esto sucede, el esquema de idealización que se da con el papá que abandona el hogar, como lo mencionábamos anteriormente, no se presenta de la misma manera con la mamá. Para los hijos es muy difícil superar que mamá los abandone. Es prácticamente inentendible, y lo viven con enojo y coraje. Por ello, en mi experiencia, conozco muy pocos casos de mamá *Disney*, más bien este esquema se presenta sobre todo con el papá. (Le llamo mamá *Disney* porque en realidad no existen, son anuladas, son madrastras que les toca hacer de mamás; en general, mueren y dejan a los hijos siendo niños).

En algunos casos, la mamá se ve obligada a abandonar a sus hijos, no por una iniciativa ni deseo propio, sino porque el papá se los quita por la vía legal o a la mala, por tener dinero, poder, influencias o cualquier otra causa.

Cuando esto llega a suceder, es muy frecuente que la mamá funcione en un esquema muy lastimero, autocompasivo y victimizado, lo cual puede ser perfectamente comprensible. No obstante, recordemos el daño que se puede causar a los hijos cuando ven a sus padres afectados.

> *Para un hijo es muy doloroso ver a mamá sollozando, triste y derrotada. Si esta lamentable situación se presenta, en donde por causas ajenas a la madre o porque en realidad es conveniente por cualquier motivo, que el padre sea quien tenga la guardia y custodia, es importante procurar darles a los hijos una demostración de actitud positiva y fortaleza, y que el tiempo que puedan pasar juntos sea de calidad.*

Desafortunadamente no podemos comparar de manera equitativa lo que sucede con papá y con mamá, pues la sociedad y las costumbres siguen influyendo de manera determinante.

EPÍLOGO

Como lo comenté en otros de mis libros, ya no es válido decir que nadie nace sabiendo cómo ser padres. Somos padres de familia y la meta debe ser lograr que nuestros hijos sean más responsables, que crezcan felices y que cuenten con las bases idóneas para convertirse en hombres y mujeres independientes.

Y, como padres, no queremos dañarlos en caso de que se presente una separación y, más tarde, un divorcio.

Una vez que se decidió que habrá una ruptura, ya sea por los pleitos, desamor o búsqueda de la felicidad de ambos o de uno de los cónyuges, o por cualquier otro tema, y después de haber hecho una análisis correcto sobre las ventajas y desventajas de continuar unidos o separarse, el asunto más importante es manejar esta situación de la manera más adecuada para afectar en menor medida a los hijos.

Nunca será más importante lo que se dice sino cómo se dice. Es por eso que la forma en que se trate el tema de la separación con los hijos es determinante.

Los elementos más importantes cuando se habla de la separación con los hijos son la sinceridad, la tranquilidad y la espontaneidad. Al incorporarlos en el discurso, automáticamente se estará propiciando a que los hijos respondan y reaccionen de igual manera, de forma tranquila, espontánea y que no se sientan engañados.

La afectación más grave que se puede causar a los hijos cuando los padres deciden separarse o divorciarse, no es la ruptura de la relación ni la desintegración de la familia, sino un mal manejo de la situación.

Un elemento fundamental para el bienestar de los hijos es que ellos vean y constaten que sus padres, ambos, están bien, y que entre ellos mantienen una buena comunicación.

Una separación madura, cordial y respetuosa es el mejor regalo que se puede dar a los hijos en ese momento; además del valioso mensaje de vida que se comparte con ellos.

La versión que los padres manejen con sus hijos sobre la separación es determinante para lograr que su respuesta y actitud sea favorable y positiva. Es por ello que se destaca la importancia de una versión unificada, verídica, congruente, clara, que contenga la información necesaria (más no excesiva) y que pueda sostenerse con el paso del tiempo.

El proceso de separación se puede ubicar en diferentes etapas que van desde identificar que algo no anda bien en la relación de los padres hasta el divorcio. Compartir con los hijos mensajes que vayan orientándolos en este proceso de una manera sutil y paulatina evita que de un día a otro se enteren que sus padres se encuentran en proceso de divorcio o quizá que papá o mamá se fue de casa, lo cual puede llegar a ser verdaderamente traumático y acarrea consecuencias de todo tipo por el resto de su vida.

Los padres deben tener presente que, incluso, cuando el manejo de la separación se da de la manera adecuada, los hijos siempre buscarán la forma de evitar el divorcio y de provocar la reconciliación de sus padres; algunas veces a través de conductas indeseables y hasta riesgosas.

Siempre es muy importante que los padres le hagan saber a sus hijos de manera clara y precisa que ellos no tienen ningún tipo de responsabilidad en su separación y que nada pueden hacer por mantenerlos juntos, ya que se trata de una decisión madura y pensada, que no requiere ponerse a su consideración.

El proceso de divorcio nunca es fácil para los hijos, ellos llevan la peor parte: pierden el equilibrio y la estabilidad que representan los dos pilares que sostienen su vida: son mamá y papá juntos.

Afortunadamente existen procedimientos y recomendaciones que ayudan a que se vean afectados lo menos posible.

Cuando aborden este tema tan delicado con sus hijos, háganlo tomando en cuenta la sensibilidad y el amor que le tienen a sus pequeños. Recuerden que ellos quieren ver a sus padres felices, realizados profesionalmente, entusiastas, y si para lograr estos últimos puntos es necesario que mamá y papá vivan en casas diferentes, los hijos tarde o temprano aceptarán el rumbo que sus vidas han tomado.

Les deseo el total de los éxitos.

ÍNDICE

Hijos de padres separados,
Cómo no afectar a tus hijos
de Juan Pablo Arredondo
se terminó de imprimir y encuadernar en mayo de 2014
en Quad / Graphics Querétaro, S. A. de C. V.
lote 37, fraccionamiento Agro-Industrial La Cruz
Villa del Marqués QT-76240